新版

書きだすことから始めよう

Wishcroft:
How to Get What You really want

バーバラ・シェア
Barbara Sher
アニー・ゴットリーブ
Annie Gottlieb
桜田直美 訳

Discover

はじめに

この本の目的は、あなたの本当の夢を見つけ、かなえることです。

毎朝ワクワクする気持ちで目を覚まし、一日を始めるのが待ちきれない。ときには緊張したりすることもあるけれど、今が楽しくてたまらない。

あなたはそんな人生を送っているでしょうか？　もし違うなら、どうすればそういう人生を送ることができるでしょう？　あなたにとって、いちばん大切な夢は何ですか？

たとえ、ひかえめな夢でも、途方もない夢でも、現実的な夢でも、今のところは、あなた自身の夢を心から大切に思い、真剣に考えてもらいたいのです。

夢は、人生になくてはならないもの。本当に大切な夢は、あなたという存在の核になっています。自分は誰なのか、どんな人になれるのかといったことを教えてくれる、とても貴重な情報です。

だからこそ、誰でも夢を持つことができるし、夢を持つべきなのです。

でも、ちょっと待って。この話は前にも聞いたことがある。あなたは、そう思うかもしれません。頭の中で警報装置が作動する人もいるでしょう。「世間は甘くない。私はそんなに強くない。そういうポジティブ・シンキングはもうたくさん……」そんなふうに思っているかもしれません。

私は今までに、いろいろな成功法を試しては打ちのめされてきました。いってみれば、古傷だらけのベテランです。そんな私が「この本は他の自己啓発本とは違います」と言うのですから、どうか信じてください。

私はこの本を、自分と同じような人たちのために書きました。私は怠け者だし、意志も強くありません。そして、そういう性格を直すことは、とっくの昔にあきらめています。

かつて田舎からニューヨークに出てきたとき、私は離婚して、お金もなく、小さな子供を二人抱えていました。しかも仕事を見つけるまで、生活保護を受けなければなりませんでした。

そんな私にもできたのです。

理想の人生を築くのに、呪文なんていらないし、自分に催眠術をかける必要もありません。人格形成プログラムもいらないし、歯磨き粉を変える必要だってありません。紙と鉛筆と想像力、そして家族と友人の助けがあれば、無理せずとも何もかもがうまくいくシステムをつくることができるのです。

そのためには、まず自分のほしいものをはっきりさせましょう。

この本の前半では、簡単で楽しいエクササイズを通して、自分の夢を再発見することになります。それから後半では、本当に好きなことから、具体的な目標を作り、それを必ず実現する方法を学ぶことができます。

自分にとっていちばん大切な夢を追い求めるのは、「非現実的」なことでも、「無責任」なことでもありません。それは、油田を掘りあてるのと同じです。あなたもこの本のエクササイズを通じて、エネルギーの源を見つけだし、その力で本当に望むものを手に入れましょう。

バーバラ・シェア

Contents

はじめに　1

Part 1
あなたってどんな人？

1 あなたってどんな人？　12
エクササイズ1　16
2 宝探しの旅に出よう　18
3 あなたの中に眠る子供を呼び起こす　22
4 子供のころの自分に会いに行こう
エクササイズ2　26
5 アインシュタインはどうやってアインシュタインになったか　30
6 ほしいものがすべて手に入ったとしたら
エクササイズ3　34
7 「今この瞬間」が最高のスタートチャンス！

Part 2
あなただけのスタイルをさがす

1 本当の自分を見つけるための秘密のカギ 38

2 好きな色になってみる 39

エクササイズ4 41

3 選んだスタイルはあなたそのもの 41

4 探偵になってみる 43

エクササイズ5 43

5 人と比べない 48

6 自分の長所を認める 52

7 私をほめて！ 54

エクササイズ6 54

8 好きなことを20個書きだそう 61

エクササイズ7 61

9 最高の人生を思い描く 65

10 あなたにとって「理想の環境」とは？ 66

エクササイズ8 66

11 現実のことはすべて忘れる 70

12 「何を？」「どこで？」「誰と？」 72

エクササイズ9 72

13 夢に優先順位をつける 76

14 問題リストをつくってみよう 82

エクササイズ10 82

Part 3

具体的な目標をつくろう

1 具体的な目標は「基本」と「お手本」から考える 86
2 自分の正直な気持ちと向きあう 95
3 アイデアを分析する 100
4 目標がたくさん見つかりすぎてしまったら 105
5 もしも5回生まれ変われるとしたら？ エクササイズ11 108
6 好きなことを「おやつ」にする 113

Part 4

ネガティブ・シンキングは最高の味方

1 ネガティブな感情はかならずやってくる 116
2 「発散の時間」を活用する 118
3 大きな声で文句を言おう エクササイズ12 122
4 愚痴や不満をノートに書きだそう エクササイズ13 127

5 いつでもポジティブでいなくていい 128

Part 5

夢をかなえる発想転換テクニック

1 あなたはすでに魔法の杖を手にしている 132
2 あなたの夢の「基本要素」は？ 134
3 自由な発想を生む3つのテクニック 137
4 アイデアリストを編集する 143
5 フローチャートで目標までの道のりが見えてくる 150

Part 6

あなたを支えるネットワークづくり

1 夢はみんなでかなえるもの 164
2 人脈を生かす2つのポイント 167
3 あなたが人脈から得られるもの 171
4 人脈活用時の2つのルール 175

Part 7
時間を生みだし、計画を立てる
1 目標に期日をもうける 182
エクササイズ14 185
2 あなたは先延ばし型？ 世話焼き型？ 191
3 部屋に計画の壁をつくる 200
4 手帳には自分との約束を書きこもう 200
5 未来のためにできること 201

Part 8
恐怖心と仲良くなる
1 最初の一歩を踏みだすために 206
2 恐怖のサインを自覚する 207
3 とにかくやってみる！ 209

Part 9
究極のサポーターを見つけよう

1 支えあうからうまくいく 216
2 「準備会議」で達成の期日を約束する 220
3 「週一日の戦略ミーティング」を持つ 222
4 「3分電話」で励ましあう 225
5 ともにピンチを乗り越える 227

Part 10
習慣づけこそ夢への最短ルート

1 夢への旅を快適に 232
2 毎週日曜の夜にすること 233
3 毎晩すること 236
4 毎朝すること 237

おわりに 238

WISHCRAFT:
How To Get What You Really Want
by Barbara Sher and Annie Gottlieb

Published by arrangement with ICM Partners
through Tuttle-Mori Agency, Inc.

本当の自分を知る

Part 1

あなたってどんな人？

エクササイズ Exercise 1

1 あなたってどんな人？

書きだすことから始めよう

あなたという人をつくっている、もっとも重要な資質を4つか5つ、書きだしてみましょう。

今度こそぜったいに望みをかなえたいと思っているあなたにとって、これはシンプルですが、とても深い質問です。

まず、何も書いていない真っ白な紙と鉛筆を用意しましょう（ちなみにこの本では、たくさんの紙を使うことになります）。そして質問への答えを書いていきます。

ルールは一つだけ――あまり長く考えすぎないこと。

では、あなたの答えを見てみましょう。

あなたってどんな人?

* 28歳女性
* 独身
* 家電メーカーの重役秘書
* ロサンゼルス在住
* ダイエット中

…… etc.

最初に頭に浮かんだことを書いて!

年齢や性別、住所や仕事、結婚しているか、子供はいるか——初対面の相手に自己紹介するときの内容を書いた人も多いのでは?

そう。これらの情報を交換すると、もう自分のすべてを語った気になり、相手のこともわかったように感じてしまいます。

でも、それは間違い。

もちろん、こういった情報は、過去の経験、役割、人間関係、暮らし向きなどを表しています。

でも、あなたという人間そのものではありません。

それから、仕事や学歴、職歴、専門分野、スキルなど、履歴書に書くような情報も重要ではありません。何かのスキルがあるといっても、たいていそれは自分で選んだものではなく、身につけるしかなかったというだけ。本当に自分が好きなことではありません。

情熱を傾けられ、心から楽しいと思えるもの、すばらしい成功を収めることができるものを考えるとき、これらはかえってさまたげにもなります。とりあえずは、全部忘れてしまいましょう。

え？　全部忘れる？

そう、その通り。あなたの「現実」と「アイデンティティー」を構成している事柄は、忘れてしまいましょう。もちろん、そういった事柄は、必要だし、大切。でも、それは「あなた自身」ではありません。

今のところ、大切なのは「あなた自身、そしてあなたが本当に好きなこと」なのです。

本当に好きなことが何かわかっている人もいれば、よくわからない人もいるでしょう。それは仕事かもしれないし、趣味やスポーツかもしれません。とにかく、あなたの中に特別な感情を呼び起こすようなものなら何でもいいのです。

そういう「特別な何か」は、誰にでもいくつかはあるもの。クラシック音楽、古い建築物、手芸、株式市場、フランスの歴史――何でもかまいません。ここで大切なのは、好きになるからには、好きになるだけの理由がかならずあるということ。

好きなことは、自分自身を知るヒントになります。自分が持つ才能、能力、自分なりの世界観が、好きなことの中に隠れているのです。

そう、好きなことは、あなたという存在そのもの。

たとえわからなくても、忘れてしまっていても、かならずあります。

2 宝さがしの旅に出よう

好きなことを探すのは、宝さがしに似ています。宝を見つけるには、まず地図が必要。地図はどこかに隠れているかもしれませんし、破れてばらばらになっているかもしれません。でもまずは、その地図を見つけて、ばらばらの破片をつなぎあわせなければなりません。この本の最初のセクションで、それを行うことになります。

地図を見つけ、宝のある場所を探りあてれば、自分にぴったり合った人生をデザインすることができます。毎朝起きるのが楽しくてワクワクする人生、心から生きていると実感できる人生です。

なんだか元気が出ないと感じている人、いくら寝ても眠くなり、体を動かすのがおっくうだと感じている人は、ビタミン不足や低い血糖値のせいではないでしょう。それは、人生の本当の目的を見つけていないから。人生に目的があれば、いつでも頭がさえわたり、エネルギーにあふれた人になれるのです。それこそが、本当に成功している人の秘密でもあります。彼らには生きる目的があり、ビジョンを現実にする特別なスキルも持っています。夢を実現するには、スキルも大切。そのスキルについては、本書の後半で詳しく説明しましょう。まずは、自分の夢を知ることが大切です。

今のところは、先ほどの「あなたってどんな人？」という質問への答えを、ざっと見てください。次に、それを丸めてゴミ箱に捨ててしまいましょう。

というのも、その答えは「本当のあなた」ではないから。捨てずに記念としてとっておいてもおもしろいかもしれません。**本書のエクササイズを進め、本当の自分を発見した後にその紙を見ると、自分がどんなに変わったかがわかるでしょう。**たいていの場合、本当の自分は、思ってもみなかったような姿をしているからです。

子供はみんな、本当の自分を知っています。大人になった私たちは、それを忘れてしまっているだけ。だから、宝さがしの旅はまずそこから始めることになります。生まれてから五歳になるまでの、とても大切で、謎に満ち、人生でもっとも多くのことを学ぶ時期です。

一つ確実に言えるのは、そのころのあなたは天才だったということです。

3 あなたの中に眠る子供を呼び起こす

「天才？　私が？」

あなたは笑うでしょう。でも、私は大まじめ。人はみな、生まれながらに特別な才能を持っているのですから。

「天才」とは、モーツァルトやピカソのように、他の人が持っていないような特別な才能を持つ人たち――独創的なビジョンや鋼のような意志の強さを持つ人たちのことだと思われています。

実は、こうした才能は、モーツァルトやピカソだけのものではないのです。**誰でも二歳のころは独創的なビジョンを持っています。**ご存じの通り、子供は誰も思いつかないような、突拍子もないことをよく言います。子供の目には、世界のすべてが新鮮に映っているのです。それを言葉で伝えるには、今まで存在しなかった表現を使うしかありません。偉大な詩人は、大人になってからも、子供のころの新鮮な視点をずっと失わずにいます。同じ能力を、私たちも子供のころは持っていました。二歳児はみんな、自分なりのやり方で宇宙の本質を探っているのです。

というわけで、あなたも子供のころは「独創的なビジョン」を持っていました。

それから、**二歳のころのあなたは、自分の好きなものが何なのか、完璧にわかっていたでしょう。そして、まったく躊躇せず、何の疑問も持たず、ほしいものを追い求めていたはず。**

クッキーを見たら、「食べてもいいかな？　いけないかな？」なんて、ぜったいに考えません。頭の中にあるのは、ただ「クッキーだ！」という考えだけ。まっすぐクッキーに突進します。

子供が何かに向かって突き進むときは、「自信」なんてまったく必要ありません。自分という存在さえ、意識していません。頭の中にあるのは、興味の対象のことだけです。

というわけで、あなたも子供のころは「鋼のような強い意志」を持っていました。

では、それはどこへ行ってしまったのでしょう？

小学校に上がったばかりのころを覚えていますか？　あなたはそれまでに、五年か六年の充実した人生経験を積んでいます。さまざまな物事を見て、知識を身につけ、自分なりの感情を持ち、自分なりの好き嫌いの基準を確立してきました。

でも学校という場所は、それぞれの個性を無視し、子供の中に眠っている豊かな才能を殺してしまいます。友達と話したり、空想にふけったり、絵を描いたりするのがあなたにとってどんなに大切でも、算数の時間にそれをやると、叱られます。あなたが草花とお話をすることができても、先生は「さあ、植木から離れて、早く文字を覚えなさい」と言うだけ。

植物や犬と話せても、映画スターになりたいという夢があっても、そんなことはどうでもいいのだと思い知らされるでしょう。そして少しずつ、自分の夢や特別な才能を忘れていってしまうのです。

世の中で「天才」と呼ばれているのは、自分の中にある好奇心旺盛な子供の部分を、ずっと失わずにきた人たちです。画期的な業績や、偉大な芸術作品は、ほとんど例外なく子供のころの経験から生まれています。

アインシュタインにとっては、科学は遊びでした。彼が偉大な功績をあげたのは、子供の独創性と純粋な好奇心を、大人になってからも持ち続けていたからです。

そう、私たち一般人と彼らとの違いはそこだけ。

ですからまずは、自分の中に眠る子供を目覚めさせなければなりません。

次のエクササイズでは天才だった子供のころの自分を思いだしてみましょう。それが、理想の人生をデザインする、最初のカギになります。いちばん好きなこと、いちばん得意なことは何でしたか？

エクササイズ
Exercise 2

4 子供のころの自分に会いに行こう

書きだすことから始めよう

子供のころの自分を思いだして紙に書きだしてください。

好きなことをして遊んでいたとき、空想にふけっていたときの思い出がカギになります。次の質問に答えてみましょう。

- **子供のころ、好きでたまらなかったことは何ですか？**
- **その好きなことをしているとき、どの感覚（視覚、聴覚、触覚）をいちばん多く使いましたか？**
- **好きなこと、好きな空想のテーマは何でしたか？　どんなに「ばかげた」こと**

でもかまいません。

- **誰にも話したことのない、秘密のゲームや空想はありますか？**
- **あなたは、それらのことを今でも好きですか？**
- **好きだったこと、夢見ていたことは、どんな才能や能力と関係がありますか？**

たとえば、エレンの答えを見てみましょう。

「私は木が大好きでした。子供のころは、よく大きな木を見あげたり、太い幹に抱きついたりしていました。木の気持ちがわかると思っていたんです」

あるいは、マルシアの答えはこんなふう。

「私は色が大好きだった。クレヨンを持てるようになると、あちこちに色を塗るようになった。紙や本のページや寝室の壁は、私が塗った鮮やかな色であふれていた」

エレンは下の娘が学校に入ると、仕事を探し始めました。大好きな植物を仕事にするのは、今からでもちっとも遅くありません。植物学者、森林学者、何にでもなれます。

父親と同じ仕事を選んだマルシアは弁護士です。収入も申し分なく、仕事もそれなりに気に入っています。でも彼女の中には、才能ある画家、あるいはインテリア・デザイナーという、もう一人の自分が眠っているのです。

あなたの答えは何でしたか？

その答えから、自分がどんな望みや才能を持っているとわかるでしょうか？

ここで、とても大切な質問です。

エレンやマルシア、そしてもしかしたらあなたも、なかなか自分の才能をフルに発揮できずにいるのに、アインシュタインはどうやってあのアインシュタインになったのでしょう？　天才たちだって私たちと同じように学校に通わなければならず、生活費を稼がなければなりません。彼らはどうやって、宝の地図を守り通したのでしょうか？

天才と呼ばれる人たちには、普通の人にはない特別な何かがあるのかもしれません。

たしかに、「天才」と呼ばれる人たち、自分の可能性をフルに発揮して、大きな成功を収めた人たちは、私たちにない何かを持っています。でも、その「特別な何か」は、謎でも秘密でもありません。一部の人だけが持って生まれた特別な「資質」でもありません。

アインシュタインが持っていたのは、土と、空気と、水と、太陽です。

5 アインシュタインはどうやってアインシュタインになったか

養分豊かな土と、十分な水と太陽の光があれば、種は自然にすくすくと成長します。自信も、規律も、忍耐力も必要ありません。ただ自然に花開くのです。

もし種の上に石をのせたりしたら、または日陰や乾いた土地に種を蒔いたりしたら、大きく健康に成長することはできないでしょう。種は、必死になって成長しようとしますが、小さく、弱々しい姿になってしまいます。

言ってみれば、私たちのほとんどは、その弱々しい姿になっているのです。

つまり、天才と私たち一般人との違いは、育つ環境にあります。子供のころにどんなふうに育てられたかが、その後の人生を決めているのです。

アインシュタインの周りには、「自分の好きなことをしてもかまわないんだよ」と言ってくれる誰かがいました。母親かもしれませんし、父親、またはお祖父さんかもしれませんが、とにかくそういう人が存在したのです。

その人は、子供のアインシュタインの中に何か特別なものを発見し、それを伸ばしてくれました。それが、彼が天才になった秘密です。

とても簡単なことのようですが、とても珍しいケースであることもまた事実です。

誰にも認めてもらえなかったら、自分の才能を信じるのはとても難しいでしょう。ましてや自分の夢を追い続けるなんて、ほとんど不可能。

誰からも「あなたならできる」と言ってもらえず、必要な道具も与えられず、やり方も教えてもらえなければ、本棚をつくるといった単純なことさえできないでしょう。そして私たちの多くが、そういう何も与えられない環境で育っているのです。

ほとんどの人が自分には才能がないだけで、環境のせいではないと思いこんでいます。

でも、天才たちの周りには才能を認め、伸ばしてくれる誰かが存在したのです。

それでは、天才が育つ理想の環境を紹介しましょう――本当に成功している人たち、自分の人生を愛している人たちが育った環境を。

・才能を尊重し、大切に伸ばしてくれる。
・なりたいものには何でもなれるし、そのなりたいものが何であっても変わらずに愛しているし、選択も尊重するとつねに応援してもらえる。
・好きなことを見つけられるようサポートし、夢を実現する具体的な方法を教えてくれる。
・興味の対象が毎日のようにころころ変わっても、毎回まじめに聞いてもらえる。興味の対象をすべて試してみる機会が与えられる。
・物事が思い通りにいかないとき、文句や不平を言っても受けいれられる。そして、「いやならやめなさい」と叱るのではなく、理解を示してくれる。
・困った事態に陥っても、叱らずに助けてもらえる。
・小さな成功でも、両親をはじめ周囲の人々が心から喜んでくれる。

エクササイズ
Exercise 3

6 ほしいものがすべて手に入ったとしたら

書きだすことから始めよう

理想の環境で育っていたら、今のあなたはどうなっていたでしょう？　現在の人生とどんなふうに違っていたでしょう？

22ページのエクササイズ2を思いだしましょう。そこで発見した才能豊かな子供時代のあなたは、理想の環境に育っていたら、どんな人になっていたでしょう？　どんな経験をして、今は何をしているでしょう？　紙に書きだしてみてください。

ここでは、自由に発想しましょう。質問の答えが、今の現実の姿とどんなにかけ離れていてもかまいません。

理想の環境に育っていたら、自分にはたくさんの可能性があったかもしれない。たくさんのことができたかもしれない。そう気づいてしまうのは、つらいことです。

でも、よいことでもあります。自分の本当の姿に気づき始めたという証拠なのですから。

自分の可能性を知らなければ、夢を見ることも、それを実現することもできません。

だから、理想の環境を与えられなかったことに対する、怒りや心の痛みはとりあえず忘れ、大きな夢を見ることのほうに心と頭を使いましょう。実際に何ができるかは、どんな夢を見ることができるかで決まるのです。

ここで「普通」の人たちの答えを、いくつか紹介しましょう。

・大金持ち
・現代のオードリー・ヘップバーン
・海外特派員
・建築家
・ニュースキャスター

・オリンピックに出場して金メダルを三個取る
・小説を出版し、人気歌手になる

誰もがレオナルド・ダ・ヴィンチのような人物になれる可能性を秘めています。
では、あなたの答えは？　大胆な夢を持っているでしょうか？

夢を語るときに、遠慮してはいけません。
「可能性があるか」「現実的か」ということは、考えなくてもいいのです。

これは、空想の世界。自分が理想的な環境の中にいると想像して、とんでもなく大きな夢を口にしてみましょう。

想像の中のあなたは、まさに夢のようなことをして、すごい人になっているはず。その夢に魅力を感じるでしょうか？　もしそうなら、今からでも実現することができます。

年齢も経歴も、現在の状況も関係ありません。今からでも、ほしいものをすべて手に入れて、理想の人生を送ることができるのです。

そのための第一歩は、理想の環境を自分の周りにつくることです。
それも、今すぐに。

7 「今この瞬間」が最高のスタートチャンス！

「でも、今からではもう遅すぎるのでは……」

あなたは、そう心配しているかもしれません。「最高の環境で育てば才能が花開くことはわかったけれど、残念ながら自分の環境は違った。子供時代は終わってしまったし、恵まれた環境で育ったわけでもない。今となっては、平凡な自分のままで、なんとか人生を切り抜けるしか道はないみたい」

でも、育った環境によって、その後の人生が完全に決まってしまうわけではありません。

大人になってからでも自分を変えて、人生を変えることができるのです。

ただ、夢をかなえるのに理想的な環境を、自分の周りにつくればいいだけ。

人生は子供時代で決まってしまうという考え方は間違いです。人はいくつになっても成長できるし、新しいことを学ぶこともできる。ただ、夢を追い求めるあなたを支え、才能を伸ばしてくれる環境さえあればいいのです。

たしかに世の中には、独力で成功した人もいるようです。でもそういう人たちにも、支えてくれる家族がいました。自信がなくなったときは励まし、愚痴にも辛抱づよく耳を傾け、かならずできると言い聞かせ、食事の準備や身の回りの世話をしてくれる存在です。本書の後半では、そういったサポート・システムをつくる方法を説明しています。

また、成功するにはコネも大切。独力で成功した人たちも、同級生や昔からの友達、同僚などのネットワークの力を活用し、必要な情報やアドバイスなどを手に入れ、お金を借りたり、有力者に紹介してもらったりしています。

それから、成功者が持っている「鋼のような意志の強さ」についてはどうでしょう？きっかり九カ月で原稿を仕上げる有名作家もいれば、私のように一ページ書くのも大変という人もいます。その秘密は、実は「締め切り」。それに、原稿を待ってくれている優秀な編集者もいるし、誰にもじゃまをされずに執筆に没頭できる環境もあります。

自分だけの力で何かを完成させるのは、とてつもなく大変です。怠けてしまう理由はいくらでもあるし、作業が進まなくても誰にも何も言われません。人は、締め切りや他人の目があって初めて何かを完成させることができるのです。

外からの力がないと何も完成できないというのは、人間として自然なこと。

何かを最後までやり遂げるのに必要なのは、意志の強さではなく、しなければならない状況に自分を追いこむシステムです。

簡単にいうと、まず目標を達成しやすいように小さく分割し、それぞれを「課題」として一度に一つずつ片づけていく方法です。その際、誰かに「監督役」をやってもらい、怠けたくなったらはっぱをかけてもらうことになります。

それでは、幸せに夢をかなえる方法を紹介していきましょう。

この砂漠のような世の中を少しずつオアシスに変えていき、お互いの成功を喜びあえるような世界をつくりたい――それが私の願いです。

本当の自分を知る

Part 2

あなただけの
スタイルをさがす

1 本当の自分を見つける秘密のカギ

夢の人生を実現するために、まずは愛をこめて、自分の好みを眺めてみましょう。
あなたは、どんな服装が好きですか？　好みのインテリアは？　好きな色、食べ物、映画、音楽、本は？

実は、趣味や好みは私たちにとって、選択の自由が残されたたった一つの領域。つまり、本当の自分を見つけるカギが、そこに隠されているのです。自分のスタイルを自覚し、大切にするようになれば、理想の人生につながる道が見えてくるでしょう。

そんな大げさな。あなたは今、そう思ったでしょうか？
では、こんな実験をしてみましょう。

2 好きな色になってみる

書きだすことから始めよう

魅力を感じる色を選んでください。次に、その色になったつもりで気持ちを書きだしてみましょう。

どんな色でもかまいません。雑誌を見たり、絵や布地から目を引く色を見つけたり、またはクレヨンの箱から選んでもいいでしょう。

自分の色が決まったら、今度はその色になったつもりでロールプレイを行います。自分が選んだ色そのものになり、その色ならどんなことを言うだろうかと考えるのです。

そして、その色になった気持ちを紙に書きましょう。書きだしはかならず「私は赤」「私は黄色」というように、自分がその色であることを宣言します。

くれぐれも「私は青が好きです。理由は……」というふうには、書かないように。

今、この瞬間から、あなたは色そのものなのです。

次に、その色になった自分の性格や特徴を、短い文章で表現します。自分の性格を書くのではありません。今のあなたは、選んだ色になっていることを忘れないように。ちなみに、下記はあくまで例です。似たようなことを書かなくていいのです。

黒が「ほっとする」色、または白が「気の滅入る」色で、青が「元気になる」色だと思うなら、自信を持ってそう書きましょう。

私はダークブルー。
私は物静かで、
大きな海のように
深みがある。

私は赤。血のように赤い。
生命力にあふれた、
深い赤。

私は黄色。
元気いっぱいで、知的で、
とても有能。温かみもある。

3 選んだスタイルはあなたそのもの

この単純なエクササイズは、あなたについて驚くほど多くのことを教えてくれます。色になるエクササイズでは、自分の色を選ぶまでにけっこう時間がかかったのではないでしょうか。自分が「これだ！」と思える色、本当にしっくりくる色を選ばなければと、かなり好みにうるさくなったはず。

自分の色を選ぶときに慎重になるのは、自分のスタイルはとても大切だということを、無意識のうちに理解しているからです。

CDを選ぶとき、カーテンの柄を選ぶとき、私たちはただ好きなものを選んで、自分を満足させているだけではありません。自分はどんな人間かということも、表現しているのです。

何かを選ぶのは、「これが私です」と宣言するのと同じこと。

だから、好みだけはどうしてもゆずれないという気持ちになるのです。

そのことをふまえて、あなた自身のスタイルについて、もっと詳しく見ていきましょう。

エクササイズ
Exercise 5

4 探偵になってみる

書きだすことから始めよう

探偵になったつもりであなたの家や部屋を大捜査。住んでいるのは、どんな人か推理して書きだしてみましょう。

さあ、「探偵ごっこ」の時間です！ 手がかりになるのは「好み」。このエクササイズは、自分という見知らぬ人を知っていく過程ともいえるでしょう。

クローゼットの中、台所の戸棚の中、CDの棚や本棚。家具、敷物、カーテン、部屋に飾った写真、冷蔵庫の中身、色づかい、部屋が散らかっているか、整頓されているか、家具の配置、そういったことも手がかりになります。**そして、住んでいる人の性格や好みを、手がかりからわかるかぎり、紙に書きだして捜査メモをつくりましょう。**

たとえば、そこに住んでいる人は、仕事をてきぱきと片づけるタイプでしょうか？ そ

住んでいるのはどんな人？

* てきぱきタイプ？　のんびりタイプ？
* 社交好き？　一人でいるのが好き？
* 感覚的な人？　論理的な人？　その中間？
* 小説が好き？　ノンフィクションが好き？
* クラシック好き？　ロック好き？
* 家具はカントリー調が好き？
  それとも、都会的なものが好き？


れとも、すぐに他のことに気が散りそうな人でしょうか？

家具からはどんなことがわかるでしょう？　田舎風の温かみのある雰囲気が好きな人でしょうか、それとも都会風の洗練された好みの持ち主でしょうか？

その家や部屋の中で、いちばん目を引くものは何でしょう？　台所？　それとも書斎の机？　ステレオ？　クローゼットの中の服からは、どんなことがわかるでしょう？

手に入るかぎりの手がかりを集めたら、今度は自分の捜査メモを、座ってじっくり読んでみましょう。それは、あなた自身について語っているのです。

意外な発見はありましたか？

たとえばルースは文学と音楽に興味はあっても、絵画のことはわからないと思っていました。それでも、アパートメントの部屋の壁一面にきれいに貼られたポストカードを見れば、彼女にすぐれた色彩感覚と、デザインの才能があることがよくわかります。ルースが壁にポストカードを貼ったのは、ただそうするのが好きだったから。エクササイズをして初めて、視覚的な美しさに敏感な人間だとわかったのです。

いつもきちんとした服装で出勤しているマーガレットは自分のことを、仕事のできる、こざっぱりしたタイプだと思っていました。でも週末に出かけるときは、派手な格好をしているのです。クローゼットの中に隠れていた、もう一人のマーガレットは、冒険好きで向こう見ずで、派手好きで、まるで女優のような人物でした。

このエクササイズでは、今まで知らなかった自分の一面が明らかになって、驚くかもしれません。でもそれは、嬉しい驚きです。

自分に対するイメージが、前よりもずっと豊かになるでしょう。

ルース（38歳／教師）の捜査メモ

場所	自室の壁一面に
物	たくさんのポストカードが
状況	きれいにレイアウトされている

本は好きだけど
アートは
さっぱり？

▶ すぐれた色彩感覚
▶ デザインの才能

マーガレット（26歳／SE）の捜査メモ

週末の服	派手なデザイン、色づかい
アクセサリー	ロングネックレス、派手な帽子、大きなサングラス

毎日
キャリアスーツ
で通勤

▶ 冒険好き、大胆
▶ 女優のようなファッション感覚

もしあなたが、自分はこれといった特徴も才能もない、平凡な人間だと考えているのなら、このエクササイズをぜひ試してみてください。考えが完全に変わるはずです！

では、そうやって発見したことを、どのようにしてキャリアや夢につなげていったらいいのでしょう？　そのことについては、次のパートでたっぷり説明しています。今のところは、知られざる自分を発見して、楽しむだけでいいのです。

また、自分のほしいものはよくわかっているという人にも、このエクササイズは役に立ちます。「探偵ごっこ」では、まだ使われていない才能を発見できるでしょう――たとえば、ルースの視覚的な才能のように。

目標がすでに決まっている人でも、自分には他に多くの才能があることを知っておくと、人生がはるかに豊かになるのです。

独自のスタイルがあるということは、子供のころの豊かな才能をまだ失っていないという証拠。さあ、生まれながらの才能を存分に発揮して、自分の人生を築いていきましょう。

5 人と比べない

さて、また色になるエクササイズの話に戻りましょう。もう一つ興味深いことがわかります。まず、他の人の答えをいくつか見てみましょう。


「私は赤。張りつめていて、ハングリー精神があって、怒りに燃えている。まるで炎だ」

「私は赤。生き生きとしていて、人に尽くすタイプ」

「私は赤。炎に照らされた、赤いベルベットのソファーがある部屋だ。私は燃えるように情熱的で、それでいて温かくて居心地がいい」

「私は青だ。冷たくて、物事から距離を置いているけれど、とても知的だ」

「私は青だ。おだやかで、心やすまる存在だ」

「私は青――エレクトリックブルーだ。エネルギーにあふれている」

同じ色でも人によってイメージがまったく違うことに気づくでしょう。イメージだけでなく、色そのものまで違って見えることだってあります。同じ色を見ても、一人は「さび色」と言い、もう一人は「バラ色」と言ったりするのです。

パート1で、幼い子供は世界を独自の目で眺めているという話が出てきたのを覚えているでしょうか？　その証拠が、この「色になるエクササイズ」です。

自分のスタイルとは、独自の世界観のこと。世界観は人によって違います。それぞれが持って生まれたものだから、比べることなんて不可能です。

自分と他人を比較する方法は、たった一つ。それは、完全に量的に換算できる何かを選んで比較するという方法です。

たとえば、身長。背の高さの違いなら一目でわかるし、個人的な意見をはさむ余地はありません。背の高さという特徴は、その人について何も教えてくれないけれど、比較の基準にはなります。

残念ながらこの社会では、比較はいつでもランク付けにつながっています。私たちは、どうしても「どちらが上か」を決めなければならないらしく、そのためにたった一つの物差しだけで、たとえば学校の成績や収入だけで、その人のすべてを判断してしまうのです。

でもこれは「背の高い人は低い人よりもすぐれている」というのと同じくらい、ばかげたこと。それでも私たちは、つねに自分と他人を比較し、自分のほうが劣っているのではないかと心配しています。

知らない人がたくさんいる集まりに出る場面を想像してみましょう。あなたはそこで出会った人を、自分なりの基準で無意識のうちにランク付けし、自分と比較しているのではないでしょうか？　たとえば、あなたの基準が「外見の美しさ」だとすると、知らない人たちを見て、こんなことを考えるでしょう。

「大丈夫、あの女性よりは私のほうが上だわ。だけど向こうの女の人は、私よりもずっときれいな目をしている」

誰でもこうやって自分と他人を比較して、安心したり不安になったりしているのです。

でも、独自のスタイルという観点から他の人を見た場合、どうやってランク付けすればいいのでしょう？　たとえば、自分を色にたとえるエクササイズの答えに、良し悪しはあるのでしょうか？

そう、個人のスタイルに良し悪しはなく、比較することもできません。つまり、人間は本質的に比較できないということです。バラとオレンジ、山と海を比較することができないように、人と人を比べることもできないのです。

人をランク付けする「競争」という考え方は、根本的に間違っています。それに、他人と比較して、自分のほうが劣っていると心配ばかりしていると、自分自身に注意が回らなくなってしまうでしょう。**いちばん大切なのは、他人との比較ではなく、本当の自分を知ること。心から満足できる人生は、自分だけのスタイルの上に築かれていきます。**それ以外の基準は存在しません。

他の誰とも違う、本当の自分を知ったときに、人は初めて自分自身を尊重し、そして周りの人のことも尊重するようになるのです。それぞれの個性をお互いに認めあえば、もう比較はしなくなり、相手自身に純粋な興味を抱くようになるでしょう。

比較やランク付けをやめれば、それぞれの個性が輝くのです。

6 自分の長所を認める

色になるエクササイズでは、何でも自由に言えるような気分になったでしょうか？

「私は赤だ。激情家で、怒りに燃えている。そう、怒っていると堂々と宣言してやる。だって私は赤なんだから！」

それとも、思ったことを自由に口にできなかったでしょうか？　たとえば「私は赤。情熱的で、悲しくて、人に尽くしている」と言うとき、遠慮のようなものを感じましたか？

もうおわかりでしょう。色になった私たちは、実は自分自身について語っているのです。選んだ色は、あなたという人間の、とても深い部分を教えてくれています。だからこそ、思ったことを正直に言うのを、ためらってしまうこともあるのです。世間では一般的に、自分という人間を、あまり正直に話さないことになっていますから。

「私は情熱的な人間です！　たしかに仕事の手際は悪いかもしれないけれど、やる気と情熱だけは人一倍あるんです！」

こう正直に言える人が、はたしてどれくらいいるでしょう。この社会では、自分のこと、中でも自分のよい点を、正直に話すのはタブーになっています。むしろ、自分の欠点ばかりをあげつらうことが、「客観的」に判断できる人である証拠のように思われています。

自分の長所も短所も受けいれ、ありのままの自分を愛する。それが、本当の客観性です。

でも、長所について言ったりすると、「主観的な＝うぬぼれた意見」で片づけられてしまいます。そのため私たちは、いつも自分の欠点ばかりを意識して生きています。でも、短所だけでなく、自分の長所についてもきちんと知っていないと、本当の意味で自分に対して客観的になることはできないでしょう。

自分についてのポジティブな情報は、思っているよりも簡単に手に入ります。たとえば親友の長所をリストにしてくださいと言われたら、たくさん思いつくでしょう。

あなたの親友も、あなたに対して同じことができるのです。自分の長所に気づいていないのは、実は自分だけ。周りの人にはきちんと見えているものです。

エクササイズ
Exercise 6

7 私をほめて！

書きだすことから始めよう

大好きで信頼している人と向かいあって座り、あなたの長所を3分間でできるだけ多く具体的にあげてもらいます。それをすべて書きとめましょう。

相手は友人でも、恋人でも、配偶者でもOK。列挙してもらった長所を書いた紙は、落ちこんだときに読んで元気を出す材料になります。

あいまいな表現で満足してはいけません。「いい人」と言われたら、具体的にどこが「いい」のかあげてもらいましょう。たとえば、次のページのリストのように。

これはお世辞ではありません。あなたについての正確な情報なのです。

このエクササイズで十分にほめてもらったら、今度はお返しに、あなたも相手をほめてあげましょう。ただし、ルールがあります。

＊ すばらしい想像力がある
＊ 自分の考えをわかりやすく表現できるし、周りを元気にするようなエネルギーもある
＊ はっとするほど独創的なものの見方ができる

＊ 身のこなしが美しい
＊ すごく優雅で気品がある
＊ 人の気持ちがわかる優しい人
＊ あなたのところに行けば安心できる

＊ほめる人のためのルール

批判的なことは、たとえそれが「建設的」な内容であっても、相手のためを思っての言葉であっても、言ってはいけません。

たとえば、次のような言葉は禁止です。

「眼鏡を外して髪を下ろせば、今よりずっときれいになるよ」。一見ほめているようですが、これでは現状へのダメ出しも同然。そうではなく、純粋にほめることだけに集中しましょう。

＊ほめられる人のためのルール

最初の三分間は、ただ黙って聞いていること。相手の言葉に口をはさんではいけません。反論や謙遜もいけません。また、相手の言うことを心の中で否定してもいけません。

人は批判されることに慣れきってしまっているので、ほめられるととたんに落ち着かなくなります。ほめ言葉をただ黙って聞いていると、気まずさに耐えきれなくなり、ほめ言葉をなんとか否定しようとしてしまうかもしれません。

「きみはとても繊細だ」とほめられたら、「つまり私は弱くて、泣き虫で、癇癪持ちということね」と考え、「グラマーだね」と言われたら、「太っているってことね」と考える人が多いのです。そういうことはやめて、ほめ言葉をただその通りに受けとり、紙に書きましょう。

面と向かってほめられるのが苦手という人には、ほめ言葉を紙やメールに書いてもらうという方法があります。ともかくどんな方法でも、全員がほめ役とほめられ役の両方をするようにしましょう。

書きだすことから始めよう

紙に想像上の理想の家族を書きこみ、その人たちに自分の長所をあげてほめてもらいましょう。

これは、他人に「ほめてください」と頼むのがどうしてもいやだ、という人向けのロールプレイ・エクササイズ。自分以外の人の役を演じて、あなたのことを心から愛し、気にかけてくれている人の目を通して、自分を眺めるのです。

まず、自分にとって特別な存在は誰か考えてみましょう。歴史上の人物でもいいし、小説の登場人物でもかまいません。そして、その人たちに家族になってもらいましょう。あなたの特別な才能を認め、それを伸ばし、落ちこんだときは励ましてくれるような理想の家族をつくるのです。人選は慎重に、よく考えて。実際に目標に向かって努力を始めたとき、この家族はあなたの支えになるのです。

あなたが特別なつながりを感じられる人たちを選びましょう。たとえば、思想や活動に心から共感できる人たち、自分と同じような人生経験をしている人たち、考え方が似ている人たちです。または、自分好みの顔立ちをしている人でもかまいません。

理想の家族を選ぶのは、自分の色を選ぶのとよく似ています。自分のスタイルを宣言し、自分の世界を形づくるのです。

ちなみに、私はアインシュタインを選びました。理由は、まずお祖父さんを思いださせるような、優しい顔をしているから。そして、子供のころは数学が苦手で、特許事務所の事務員の仕事をしていたのに、自分の好きなことへの情熱を失わずにいた人物だからです。

そして、女優のベティ・デイビス。強さともろさを併せ持った性格に惹かれます。自立していて、ウィットに富み、頭がいい。家族としてこんなに心強い味方はいないでしょう。

理想の家族のメンバーを紙に書いてみましょう。それぞれの名前の下には、後でコメントを書きこめるように空欄をあけておいてください。

次に目を閉じて、自分がその人たちになったと想像します。その「理想の家族」の目には、あなたはどのように映りますか？　身のこなしの特徴は？　人と話すときは、どんな感じですか？　どんな言葉を選びますか？　どんな表情を浮かべていますか？　**愛情をこめて自分を眺めましょう。純粋な好奇心を持って、自分という人間を、もっとよく知るのです。**そして、気づいたことを紙に書きましょう。自分の長所を見つけることに集中することが大切です。

一人目の家族が言いそうなことを思いつくかぎり紙に書いたら、次の家族に移り、同じことをくり返しましょう。それぞれの家族が、あなたの中に違ったよい面を見ています。私のケースを次のページに記してみました。もし、他の人にならず、自分のままで自分を描写するとしたら、私はきっとこう言っていたでしょう。「私はだらしがなくて、衝動的で、おしゃべりすぎる」。他人の目から自分を眺めるというエクササイズは、衝撃的な体験です。

終わったら、答えを書いた紙をもう一度じっくり読んでみましょう。自分の長所を、あらゆる面から理解できるはずです。

私の場合

理想の家族 1=天才科学者アインシュタイン

* バーバラはなかなか頭がいい
* 頭の回転が速く、知識欲も旺盛で、考え方が柔軟だ
* 独創的なアイデアをたくさん持っている
* 自分の考えをわかりやすく伝えることもできる
* 話し方は明瞭で、言葉の選択も適切だ
* 温かな性格で、人間好きだ
* 身の回りで起こるあらゆることに、前向きな反応を見せる
* 物事に積極的に参加し、エネルギーにあふれている

理想の家族 2=人気女優ベティ・デイビス

* バーバラは強い女性ね
* ユーモアのセンスもある
* 笑い方も豪快で気持ちがいいわ
* 人生をまったく恐れていないところがすてき
* それに、歌もうまい
* 強い人だけど、どこか繊細なところもある

エクササイズ
Exercise 7

8 好きなことを20個書きだそう

書きだすことから始めよう

好きな活動を20個あげて、紙に書きだしてください。

このエクササイズでは、自分が好む「生き方」がわかります。ゆっくり生きるのが好きなのか、それとも速いペースが好きなのか。または、体を動かすのが好きなのか、頭を働かせるのが好きなのか。またもや、自分の知らなかった一面を発見して、驚くことになるでしょう。でも、二十個も？　そう、二十個です。ルールはそれだけ。

どんなに小さなことでも、たとえば「アイスクリームを食べる」でもOK。理由も何でもいいのです。思いつかなかったら、「かゆいところをかく」だってかまいません。では、リストを書いてみましょう。

好きな活動リスト	それぞれの活動に当てはめよう
1 本を読む 2 映画を観る 3 散歩する 4 長電話する 5 旅行する 6 絵を描く 7 クッキーを食べる 8 半身浴する 9 ワインを飲む …… **意外と20個も思いつかない!?**	最後にそれをしてからどれくらい？ お金がかかる？　かからない？ 1人ですること？　他の人と一緒にすること？ 計画していたこと？　思いつき？ 仕事に関係あること？　身の危険はある？ ペースはゆっくり？　速い？ 頭、身体、心のどれを使う？ 5年前にも好きだったこと？ 両親も好きなこと？ 田舎ですること？　都会ですること？ 家ですること？　外ですること？

紙を用意して、縦に線を引きます。左側に、好きな活動を二十個書きます。順番は気にせず、頭に浮かんだことを書いていきましょう。それから、右側に62ページのリストにあるような質問を書きます。

さて、すべて書き終わったら、じっくり見てみましょう。何かパターンは見つかるでしょうか？　**自分についてどんなことがわかったでしょう？　あなたは実際にどんな人生を生きていて、どんな人生を望んでいるのでしょうか？**

このエクササイズを試した人の言葉を、いくつか紹介しましょう。

エレン（十八歳）、学生：びっくりするほどスラスラ書けました。最近は学校の勉強ばかりでしたが、自分の中には他にもいろいろな顔が隠れていると気づいたんです。

ルシール（三十二歳）、秘書：体を動かすことが好きだと気づきました。何よりも、一日に八時間も座りっぱなしの仕事はまったく向いていないと気づいたことが収穫です。

ドロレス（二十四歳）、本屋のレジ係：一人でいるときか、好きな人と一緒にいるときがいちばん幸せだと気づきました。

いくつものエクササイズを通して、気づいていなかった自分の一面がたくさん見えてきたのではないでしょうか。新しい自分を知ることは、自信につながります。

行動や選択のすべてが、あなたという独自の存在の証。自分の独自性に気づくと、世界を自分に合う形に変える力を、すでに持っているということにも気がつくのです。

それでは、その力を活用して、もっと大きなファンタジーを描いていきましょう。

9 最高の人生を思い描く

次は空間や時間を、自分に合わせて変えていくエクササイズです。まず、最高の自分が発揮できるような完璧な環境をつくり、自分にとって理想的な一日を思い描きます。

自分の好みやニーズをもとに、周りの環境を決められることは、めったにありません。たいていは、他の人の好みに合わせなければならなかったり、収入で制限されたりするため、誰もがほぼあきらめてしまっています。ときどきは理想の人生を夢見ることもあるけれど、ただの夢で終わる、と片づけてしまっているのです。

でも、理想の人生を実現するには、その夢を大切にしなければなりません。夢はあなたに何かを伝えようとしているのです。夢を見るということは、あなたの中に眠る才能が、世界を形づくろうと手を伸ばしている証拠なのです。

エクササイズ
Exercise 8

10 あなたにとって「理想の環境」とは？

書きだすことから始めよう

どんな環境だったら、最高の自分を発揮できますか？ あなたにとっての理想の環境を詳しく書きだしてください。

ここでの「環境」という言葉は、物理的な意味だけを示しているわけではありません。中庭とプールのある邸宅を持ちたいという夢も、ハワイで暮らしたいという夢も、もちろん大切な夢です。でも、そういう物理的な夢ばかりでなく、自分の内面にも目を配ってもらいたいのです。

つまり、精神的な意味での「環境」です。

どんな人と一緒にいたいか、どれくらいのプライバシーが必要か、どれくらいの人との関わりが自分にとってベストか。そういうこともきちんと考えてください。

あなた自身を変える必要はないのです。夢の世界だからといって、自分を実際よりもよくしないように注意しましょう。もし家事がきらいなら、夢の世界に、家事をてきぱきとこなす自分を登場させてはいけません。どうせなら、家事を代わりにやってくれる小人がいると想像しましょう！

会計士のジュリーは言います。「私にとっての理想的な環境では、周りのみんなが不器用でなければならないの。私自身が不器用だから、みんな不器用だったら目立たなくてすむもの」

また、先延ばしのプロである私にとっては、はっぱをかけてくれる鬼コーチがいるのが理想的な環境です。

次にもう一つ、してもらいたいことがあります。理想の環境で発揮される自分の長所を考え、それを形容する言葉を書きだしてください。たとえば、「知的な」「心が豊かな」「独創的な」「愛にあふれた」「自立した」「おもしろい」などなど。

つまり、すべての長所、すべての才能を発揮した、最高の自分を思い浮かべるのです。

ジュリア（32歳）フリーライター

田舎で一人暮らしがしたい。近所には友人たちが住んでいる。すてきな恋人もほしい。彼は、私が一日中仕事をしていても文句を言ったりしない。心地いい生活を求めているけれど、あまり何も起こらないとつまらないので、少しはドラマやスリルもほしい。

発揮される長所：自立していること、愛にあふれていること、仕事熱心なこと、活動的なこと、官能的なこと、独創的なこと。たくさんのことを達成できる。

シェリル（28歳）教育関係の会社に勤務

規律と自由の間でバランスのとれた仕事環境が理想。仕事ぶりを認めてくれる人たちに囲まれ、支えられていたい。ときどきは一人になれる時間もほしい。

発揮される長所：自信に満ちていること、独創的なこと。幸せで、元気があって、おもしろい。アイデアも尽きることがない。

あなたは自分についてどんなことを学びましたか？　最高の自分を発揮するには、どんな環境が必要でしょう？

このエクササイズは、いわば本当の人生設計を行う前のリハーサル。想像の世界とはいえ、あなたが最高の力を発揮する方法を教えてくれているからです。

もちろん、目を閉じて夢を見るだけでは、理想的な環境をつくることはできません。現実の世界でそれを行うには、お金や時間、自分の恐怖心や習慣といった難しい問題とも向きあうことが必要になります。

でも、大丈夫。すべての障害は、乗り越えることができます。ただ、うまい戦略を立てるだけでいいのです。そして、戦略を立てる前には、まず理想の状態を思い描かなければいけません。どこへ行きたいのかがわからなければ、そこに到達するまでの戦略も立てられないのですから。

11

現実のことはすべて忘れる

実際に理想的な環境の中で生きていて、最高の自分を発揮していると想像してみましょう。あなたは、どんなことをして、どんな人に囲まれていますか？

72ページからのエクササイズ9では、現実のことはすべて忘れてください。想像の世界では税金もなければ死ぬこともありません。どんなことでも思い通りになる、いわば「何でもあり」の世界なのです。

このエクササイズでは、「だろう」という言葉は禁句です。ルールは、現在形で語ること、一人称で語ること、視覚的に語ること、そして一連の出来事として語ること。つまり、現実に起こっているように語ることです。

たとえば、こんなふうに。

「すごい！　目の前に百万ドルがある！　このお金をどうしよう？　ああ……私は今、海を見下ろす大邸宅に住んでいる。船着き場では、私のヨットが波に揺れている。家の格納庫には、自家用飛行機がある。一日が始まるのが待ちきれない……」

エクササイズ
Exercise 9

12

「何を？」「どこで？」「誰と？」

書きだすことから始めよう

理想の一日を思い描き、「何を」「どこで」「誰と」という3つのカテゴリーにそって紙に書きだしてみましょう。

休暇中の一日ではなく、いつもの一日の理想形を、朝起きてから夜寝るまで描写します。「現在形で、現実に起こっているように鮮やかに」というルールを忘れないように。

朝起きたら、最初にすることは何？　朝食は自分でつくりますか？　それとも誰かにつくってもらって、ベッドまで運んでもらう？　熱いお風呂にゆっくりつかる？　それとも冷たいシャワーでしゃきっと目を覚ます？　その日は家の中で過ごす？　それとも外出？

理想の一日を想像するときは、次のカテゴリーで考えるとわかりやすいでしょう。

- **何を：どんな仕事をしている？　どんな遊びをしている？　ここでのあなたは、最高の自分を発揮しています。歌がうまくなくても、もし歌をうたいたいなら、この想像の世界では上手にうたえることになるのです。**
- **どこで：場所、空間、状況を考えます。あなたはハワイのコンドミニアムにいるのでしょうか、それとも高級ホテルの一室にいるでしょうか？**
- **誰と：一緒に働く人は？　一緒に食事をする人は？　一緒に寝る相手は？　実際の知人や友達でもいいし、憧れの作家や音楽家でもいいし、架空の人物でもかまいません。**

現実に可能かどうかは、考えなくてかまいません。
完全に自由で、ほしいものは何でも手に入って、あらゆる力やスキルを持っていたら、どんな一日を過ごすでしょう？

では、このエクササイズを試したジュリアの答えを紹介しましょう。

ジュリア（三十二歳）、フリーライター：朝六時に目を覚ます。場所はニューメキシコのレンガ造りの家。私は夫と猫を起こさないようにベッドから出て馬小屋に向かう。馬に餌をやり、草原に放す。そして涼しい朝の空気の中、ジョギングする。

家に戻ると、コーヒーをいれ、夫と朝食を取る。七時になると、書斎で仕事を始める。書斎には大きな窓と机がある。正午まで書き物をし、気が向いたときは午後も二、三時間は仕事を続ける。今の私は一流ライターとしての地位を確立していて、財産もある。

街に出て、友人とランチ。本屋をぶらぶらしてから家に戻ってギターを弾く。音楽を聴きながら手動の古い印刷機で友達の本を印刷してもいい。日が暮れる前に乗馬。でも速くは走らない――だって、妊娠しているから！

近所に住む陶芸家や作家たちが、わが家のディナーに集まる。今日の料理は夫の担当。食事が終わって友人たちが帰ると、夫と私は星空の下で犬の散歩をし、眠りにつく。

こんなふうに、細かく具体的に理想の一日を描写しましょう。どんどんワクワクしてくるはずです。

私だけの理想の1日

何を

どこで

誰と

13 夢に優先順位をつける

理想の一日を鮮やかに描写したら、今度はそれをもっと詳しく見ていきましょう。七つの簡単な質問で、自分が幸せになるために本当に必要なことがわかります。

1　理想の一日にぜったいに欠かせないものは？
2　なくてもかまわないけれど、あったほうがいいものは何ですか？
3　本当になくてもいいものは？　あれば嬉しいけれど、それがなくても問題なく幸せになれるものは？

フリーライターのジュリアの例を参考にして考えてみましょう。
ここで一つ、注意があります。

必要ないからといって、手に入れてはいけないという意味ではありません！
ぜったいに必要なものとそうでないものに分ける作業は、現実と妥協する第一歩ではないのです。

この作業の目的は、優先順位をはっきりさせること。

幸せな人生にぜったいに欠かせないものを知り、それを最優先で手に入れれば、その他のものを手に入れるためのエネルギーもわいてくるでしょう。

たとえばジュリアの場合、ぜったいに欠かせないのは、書くことです。ものを書くのに十分な時間と場所がなかったら、たとえギターを弾けるようになっても、慰めにはなりません。でも、ライターの仕事が軌道に乗っていれば、「なくてもかまわないけれど、あったほうがいいもの」を手に入れる自信とエネルギーが自然とわいてくるのです。

理想の一日を構成する要素を分類したら、今度は「現実の一日と最低限の理想の一日」の間のギャップを考えることになります。

ジュリア（32歳）フリーライターの場合

1.ぜったいに必要なこと

〈何を〉
執筆すること／音楽を聴くこと／運動

〈どこで〉
大きな机のある自分だけの書斎／狭くない家

〈誰と〉
夫／たくさんの友人

2.なくてもいいけどあったほうがいいこと

〈何を〉
ギターが弾けること

〈どこで〉
文化活動が活発な田舎

〈誰と〉
赤ちゃん（ほしいけど、いなくても幸せ）

3.必要ないこと

〈何を〉
馬／印刷機

〈どこで〉
ニューメキシコにあるレンガ造りの家

〈誰と〉
なし

4　本当に必要なものだけで再構成された理想の一日は、どんな一日ですか？

ジュリアの場合は、次のようになります。

私は現実と同じくニューヨークのアパートメントに住んでいる。朝は早起きして、夫と一緒にコーヒーを飲み、猫に餌をやり、数ブロック先にある書斎用に借りた部屋まで歩いていく。書斎は最上階にあり、中庭を見下ろすことができる。正午まで働き、気が向いたら午後も執筆。それからスポーツジムで汗を流す。

そこから先は、だいたい同じ。友人とのランチ、本屋をぶらぶらする、音楽を聴く、友人たちとのディナー。ただレンガ造りの家と、馬と、印刷機がないだけ――今のところは。

残り三つの質問に移りましょう。この三つの質問はとても重要です。

5　理想の一日を構成する要素の中で、すでに手に入れているものはありますか？　もしあるなら、それは何ですか？

現実には、夢や目標のいくつかをすでに実現している人が多いのではないでしょうか？

この質問に答えることで、今の人生で何がうまくいっているのかがわかるでしょう。**すると、人生に満足し、感謝の気持ちを持つことができます。その気持ちが、まだ手に入れていないものに挑戦するときに、エネルギーの源になるのです。**

また、すでに持っているものを知ることは、不満の種をきちんと知ることにもつながります。そこで、次の質問です。

6　理想の一日を再構成する要素の中で、まだ手に入れていないものは何ですか？「何を」「どこで」「誰と」の三つのカテゴリーを使って、足りないものを具体的にあげていきましょう。

質問5と6は、同時に考えるといちばん効果を発揮します。

ジュリアの場合は、再構成した理想の一日が、現実の一日とそれほど違わないことに気がつきました。「何を」「誰と」の要素（ライターの仕事、猫、夫、友人、音楽、運動）は、すべて手に入れていたのです。彼女の人生で欠けていたのは、「どこで」のカテゴリーでした。現在のアパートメントは狭く、仕事用のスペースもありません。

足りないものが何か、前よりも明確にわかったのではないでしょうか？　足りないものがわかれば、何を目指してがんばればいいのかもわかります。

ここで初めて、あなたには「厳しい現実」と向きあってもらうことになります。

7 理想の一日と、現実の一日をへだてているものは何ですか？　つまり、足りないものをすべて手に入れるには、どうすればいいでしょう？

ジュリアの場合、問題はお金です。大きな部屋を借りれば、家賃は今の二倍になってしまいます。

あなたの理想と現実をへだてる壁は何ですか？　最低限どんなものがあれば、あなたは幸せになれるでしょうか？　足りないものは、人によってさまざまでしょう。それはお金や、やりたい仕事に必要な教育、新しい仕事やスキルかもしれません。異性にもてるために、魅力的な外見を手に入れたいと思っている人もいるのでは？

そこで、理想と現実をへだてる壁を乗り越えるために、次のページの簡単なエクササイズを試してほしいのです。びっくりするほど簡単なのですが、効果は保証します。

エクササイズ Exercise 10

14 問題リストをつくってみよう

書きだすことから始めよう

紙のいちばん上に「問題リスト」と書きます。その下にあなたが抱える問題と今のあなたが理想の人生を送れない理由を全部書きだしましょう。

このリストは、厳しい現実のありのままの姿。人の夢や希望を打ち砕く、謎の毒ガスではありません。単に現実的で、具体的な問題です。

たぶん今の時点では、これらの問題を乗り越えるなんて、とても無理だと感じるでしょう。でも、心配しなくても大丈夫。黙々とリストにしましょう。今後エクササイズを進めるうえで、他にも問題が見つかれば、またリストに加えましょう。

リストは、大切にとっておいてください。なぜなら、後でとても貴重な役割を果たしてくれるからです。この「問題リスト」が、目標へと着実に進んでいく道を築く材料になり

問題リスト

・

・

・

・

ます。

次のパートでは、夢や自分のスタイルを、現実に形のあるものにする方法について説明していきます。

本当の自分を知る

Part 3

具体的な目標をつくろう

1 具体的な目標は「基本」と「お手本」から考える

目標とは何でしょう？　目標とは、人生のいちばん基本になるもの。

夢を見るのはとても簡単。ただ目を閉じるだけで、まったく新しい人生をつくりあげることができます。

でも、その人生を現実にしたかったら、夢の中から何か一つを選んで、「それを実現することに集中する」と決心しなければなりません。ただし、選んだ夢は「正しい目標」の条件を満たしている必要があります。条件は、次の三つです。

1　手順や期日を決められる具体的な目標であること

「なんとなくこんな感じ」というような、あいまいな内容ではいけません。どうなったら目標達成なのかが具体的にわかるのが「正しい目標」です。**自分の目に見えて、さわることができ、他の人にも見えるような成果をあげなければ、目標を達成したことにはなりません。**例をあげて説明しましょう。

たとえば、あなたの目標が「医師になること」だとします。でもこれは、単なる夢であって、目標ではありません。目標は「医師免許を取ること」とするべきです。なぜなら、医師免許を取って初めて、社会から本物の医師だと認められるからです。

医師として診療を始めたとしても、最初のうちはあまり実感がないかもしれません。自分は白衣を着た偽物だと感じることもあるでしょう。医師になったと実感できるようになるまでには、いろいろな経験を積み重ねる必要があります。自信を持って「私は医師です」と言える日を、具体的に予想することはできません。

でも、医師免許については疑いようがありません。持っているか、持っていないかのどちらかです。そして、それを手に入れる具体的な手順や時期も、決めることができます。

そこが、大切なカギなのです。本物の目標は、具体的な行動か出来事でなければなりません。具体的であれば、達成したかどうかがはっきりわかるだけでなく、達成する期日をはっきり決めることもできます。

効果的な計画は、すべて達成期日を決めることから始まります。具体的な日取りが決まっていれば、先延ばしにすることもなくなるでしょう。たとえば、「四月までに短編を三本書く」と決めていれば、または「六年後までに医師免許を取る」と決めていれば、残された時間がはっきりわかり、時間のやりくりができるようになります。それに、期限までに目標を達成したいなら、すぐに始めなければという気持ちになるでしょう？

「医師になる」という目標は簡単な例です。「医師免許を取る」という、わかりやすい目印がすでに存在するからです。でも、あなたの目標が、「映画スターになる」だったら？

もちろん、「映画スターになる」のままでは、単なる夢にすぎません。なぜなら、映画スターになったと判断できる、具体的な基準がないからです。映画スターには、医師免許のようなわかりやすい基準がないので、自分で基準を決めなければなりません。

あなたの考える基準は、他の人とは違うこともあるでしょう。たとえ目標は同じでも、人によってとらえ方がまるで違うこともあるからです。十万ドル持っていればお金持ちと考える人もいるでしょうし、それぐらいじゃ全然足りないと思う人もいるでしょう。

秘書のキャロルにとって、「映画スターになる」ことは「魅力的で有名な存在になる」ことです。あらゆる芸能記事に自分の名前が登場する、あらゆる店で自分のポスターが売られる、大きなリムジンを降りて全身にカメラのフラッシュを浴びる――そういうことが、キャロルにとっての「映画スターになる」ということなのです。

もう一人、映画スターになりたい女性がいます。彼女の名前はジューンで、大学院で演劇を学んでいます。彼女にとっての「映画スター」は、すばらしい役に恵まれ、役者として高い評価をもらうことです。

この二人が、「映画スターになる」という夢から具体的な目標を決めるとしたら、

・キャロルの場合：あらゆるところで自分のポスターが売られる。

・ジューンの場合：アカデミー賞を受賞する。

となるでしょう。どちらも正解です。自分が満足できるなら、それが正しい目標なのですから。

具体的な目標を決めるときに、参考にできるものが二つあります。私はそれを「基本」

と「お手本」と呼んでいます。

「基本」とは、目標の中で自分の感情に関わる部分です。その目標に何を望んでいるのか、つまり、自分の気持ちにとっていちばん大切な「基本要素」という意味です。

あなたの望みは、クリエイティブな欲求を満足させることなのか、有名になりたいのか。お金がほしいのか、人助けがしたいのか……。自分の気持ちにとっていちばん大切なことを、短い言葉で表現できれば、本当に大切な目標を選ぶときの助けになります。不可能に見える目標でも、その本質が見えれば、達成する方法も見えてくるのです。

「お手本」とは、自分もそうなりたいと思う憧れの人物のこと。自分がやりたいと思っていることを、実際にやった人。誰にでもお手本にしている人が、すでに一人はいるでしょう。あなたが特に尊敬する人は誰ですか？　お手本を持つことは、目標を決めるときに役に立つだけでなく、目標を目指すときの刺激や励みにもなります。

あなたがしたいと思っていることをすでに達成した人が存在するなら、あなたにだってできないはずがありません。その人物の写真を、部屋の壁に飾ってみましょう。または、その人の伝記を読むのもいいかもしれません。そうすれば、その人がどうやって夢を達成したのかがわかるでしょう！

キャロルの場合

夢：　映画かテレビのスターになる
基本：　魅力的で有名になる
お手本：マリリン・モンロー
目標：　あらゆるところで自分のポスターが売られる

ジューンの場合

夢：　映画スターになる
基本：　優秀な役者として認められる
お手本：キャサリン・ヘップバーン
目標：　アカデミー賞を受賞する

キャロルとジューンを例にとって、「基本」と「お手本」について考えてみましょう。

2　ほしいものを宣言するときはウソをつかないこと

もし今すぐその目標を実現できたら、本当に心から嬉しいと思えるでしょうか？

たとえば、映画スターや登山家になれたらいいなと思ったことのある人なら、たくさんいるでしょう。しかし、もし私がここで魔法の杖を一振りして、あなたをエベレストの中腹に連れていったとしたら……。あなたは、大喜びで頂上を目指しますか？　それとも、こんな寒くて危険な場所はいやだ、家に帰りたいと思うでしょうか？

夢を実現した自分を想像するのは、気まぐれと本気を区別するとても便利な方法です。

「何を」「どこで」「誰と」のエクササイズで使ったルールを、ここでも活用してみましょう。ルールは、「現在形で語ること、一人称で語ること、視覚的に語ること」でしたね。では、始めます。

魔法の杖を一振り！　私はアメリカの大統領。ホワイトハウスの大統領執務室にいて、椅子に座っている。時間は朝の九時半。机の左側には、緊急の書類が積まれている。エネルギー危機、中東和平交渉など、私の決断が必要な問題ばかり。机の右側には、電話が置いてある。電話が鳴らないのは、何か不吉な知らせかもしれない……。あー！　もうこんなの耐えられない！　早くここから出して！

そう、こうやって具体的に想像すると、自分は本気かどうかがよくわかるのです。
さあ、どんな気分ですか？　いやでたまらないなら、目標を変えましょう。
このテストは思いつきだけでなく、「しなければ」という義務感だけで目標にしていることも判別できます。両親や先生、上司から期待されているからという理由だけで、何かを目標にしてしまってはいないでしょうか？

本当はほしくないもののためにがんばらないことは、本当にほしいものを手に入れるのと同じくらい、大切なこと。ほしくないものを手に入れても、消化不良な感じが残ります。ほしくないものは最初から除外してしまいましょう。

3　本当はほしくないと気づいたらいさぎよくやめること

すると、こんな不安が出てくるでしょう。

「でも、本当にほしいものがわからないとしたら？　たとえば何かがほしいと思って、それを達成したはいいけれど、そこで本当にほしいものはこれじゃなかった、とわかった場合、私はどうすればいいの？」

答えは簡単。その目標を書いた紙を破いて、捨ててしまいましょう。そしてまた新しい紙を用意して、新しい目標を書けばいいのです。

一度目標を決めたら、ずっと同じ目標に向かってがんばらなければいけないという考え方は間違いです。その目標を望んでいないとわかったら、途中で変えましょう。

目標はあくまで、あなたが幸せになるための手段であって、目標のためにあなたが存在するわけではないのですから。

2 自分の正直な気持ちと向きあう

目標を立てるときは、さまざまな問題に直面します。目標があいまいすぎるかもしれないし、大きすぎるかもしれない。目標がまったく思いつかない人や、目標がたくさんありすぎて困ってしまう人もいるでしょう。

でもどんな人でも、自分にぴったり合っていて、かならず達成できる目標を立てることができます。実際に自分にぴったりの目標を立てることができた人の例を紹介しましょう。

秘書として働く二十六歳のアンドレアは、私にさんざん探りを入れられて、やっと本当にほしいものを告白しました。それは「有名になること」です。でも、どんな方法で有名になりたいか決まっていません。「なんだか後ろめたい気持ちです」と、彼女は言います。

私は、後ろめたさを感じる必要なんてないと、優しくさとしました。実は、自分の夢に後ろめたさを感じて、そのせいで前に進めなくなってしまう人は多いのです。

ほしいと思うものは、あなたにとって必要なものなのです。だからぜったいに手に入れなければなりません。それをほしいと思う理由は、何でもかまいません。

お金持ちと結婚したい？　それも立派な夢です！　アンドレアの「有名になりたい」という気持ちは、彼女の「基本」なのです。でも「基本」を目標につなげるには、夢の形をもっとはっきりさせる必要があるでしょう。

私はアンドレアに、どんなことで有名になりたいのか訊ねました。たとえば、アイデア商品を発明して話題になることや大冒険をして有名になることでもかまわないのでしょうか？

「いいえ」とアンドレアはきっぱり答えました。どうやらとにかく有名になればいいということではなさそうです。私は、どんなことで有名になれると嬉しいか聞きました。「映画スターか、映画監督か、歌手か、写真家か、デザイナーがいいです。でも実は、自分が本当にそういう仕事をしたいのか、よくわからないの」

そこで私は、また違う質問をしました。有名になりたいだけでなく、立派な仕事をして尊敬されたいと思うか訊ねたのです。するとアンドレアは、イエスと答えました。となると、彼女の「基本」は次のようになります。

「クリエイティブな分野で、質の高い仕事を続けて、有名になること」

そこまでわかったら、次は、そのような感覚を味わうために、真っ先にできることは何かを考えることです。

ほしいものを早く手に入れるほど、その先を目指すエネルギーがわいてくる。

だからこそ、自分の「基本」をしっかりと見きわめ、そのうちのほんのわずかでも手に入れる期限を決めることが、とても大切なのです。

アンドレアにとっては、有名になることが大切なので、一から始めなくてもいい分野を選んだほうがいいでしょう。

そこで私は、今持っているスキルの中で、これで有名になれたら嬉しいと思うものはあるかと訊ねました。彼女には写真の経験がありました。一時期は、かなりのめりこんでいたというのです！

したがって、分野は写真に決定。次に考えるのは、どんな写真を撮ればいち早く有名人

アンドレアの問題リスト

・仕事をやめられないので時間がない

・有名雑誌は無名の写真家を使わない

・自分に才能があるかわからない

・恥ずかしがりやで、有名人にアプローチできない

の仲間入りができるか、ということです。

私は、お手本にしたい写真家の名前をあげてくれるように頼みました。

アンドレアは、著名なポートレート写真家、リチャード・アベドンとアニー・リーボビッツの名前をあげました。この二人の共通点は、有名人の写真を撮っているということ。有名人の写真を撮る人も有名人になれます。質の高い仕事をして有名になるという夢は、有名人の写真を撮ることで、いちばん早くかなえられるかもしれません。

ここまでくれば、目標も決まります。それは、「自分の撮った有名人の写真が質の高い雑誌に掲載される」ということになるでしょう。目標達成の期日を具

体的に決めることもできます。

アンドレアには、右ページのようなリストをつくってもらいました。このように、目標を決めるときは「問題リスト」もつくっておきましょう。

3

アイデアを分析する

自分の気持ちを分析して、本当に大切なものがわかったら、それにそって目標までの道のりを決めましょう！

たとえば、あなたの望みがオペラに関する仕事につくことだとしましょう。実現する道はたくさんあります。劇団の事務所に直接出向いて、秘書として雇ってほしいと訴える方法もあるでしょう。または、知識を生かしてオペラの入門講座を開くこともできます。プログラムの文章を書いたり、地元テレビやラジオで放送するため、劇団のメンバーにインタビューをするという方法もあります。

そう、方法はいくらでもあるのです。**頭に浮かんだすべてのアイデアをリストにするこ**

それぞれのアイデアを分析する

アイデア：裸で舞台に登場する
役に立つこと：簡単に注目を集められる
問題：私でなくてもかまわないし、一瞬で終わってしまう。それに恥ずかしい
自分について学んだこと：私には注目を求める気持ちがある
提案とレッスン：もっと品のある方法は？路上パフォーマンスやスピーチをする？

とが大切。どんなにばかげていても、どんなに不可能に見えることでも、除外してはいけません。たとえば、「オペラの舞台にいきなり裸で登場する」だってかまいません。

これは想像力を自由に解き放って問題を解決する、もっともシンプルな方法です。

頭に浮かんだことをすべてリストにして、一つひとつ吟味していくことになります。現実離れしているアイデア、常識外れなアイデアをいちいち除外していたら、斬新なアイデアを逃してしまうでしょう。

頭に浮かんだことをすべてリストにしたら、今度はそれぞれを詳しく見ていきましょう。どんなにばかげたアイデアでも、何か役

に立つヒントが隠されているものです。

次に、リストからわかる「問題」「自分について学んだこと」「提案とレッスン」について考え、最後に使えないアイデアを除外します。先ほどの「裸でいきなり舞台に登場する」というアイデアを例にとると、図のようになります。

これをくり返していけば、自分にとってもっとも大切なことを実現させる、具体的な目標を見つけることができます。不可能に見える夢を、かなえられる形に変えるのです。

夢は、かならず実現できるのです。問題は、やる前から無理だと決めつけてしまっていること。物理的に不可能なこともたしかにありますが、それはほんの少しです。

年齢の壁だって破ることができます。十歳までにバレエのレッスンを始めなくても、二十歳までにコンサートピアニストになれなくても、三十歳までに小説家デビューできなくても大丈夫です。

ある六十歳になるピアノ教師の話によると、もっとも熱心で優秀な生徒の多くは四十代の人たちだそうです。スキルを身につける柔軟性は失ってしまっているかもしれませんが、それを補って余りある集中力とモチベーションがあるからでしょう。若い人たちと違い、彼らは自分のほしいものがきちんとわかっていて、時間の大切さもわかっています。

人生の後半に入って新しい仕事を始め、大きな成功を収めた人はたくさんいます。たとえば英文学の教授だったノーマン・マクリーンは、七十二歳のときに最初の小説『マクリーンの川』を出版したところ、批評家に絶賛され、ついには映画化を果たしました。

不可能に見える夢を実現するには、まず自分にこう訊ねる必要があります。

「私には、この夢を実現するために努力する覚悟がある？」

重要なポイントは、本気でほしいと思っているのか、どんなに大変な努力もいとわない覚悟はあるかということです。

それから、私たちが自分のやりたいことや、なりたいものについて考えるとき、一般的な職業の種類に想像力が制限されてしまいがちです。たとえば、弁護士、ショップ経営者、シェフというように。私たちは、自分をそれらの職業の型にはめこもうとしてしまいます。

でも、自分に本当にぴったり合った職業を、新しく考えだすという方法もあるのです。

私は子供のころ、大きくなったらブロードウェイのスターになりたいと思っていました。ミュージカル女優になって、みんなから賞賛され、愛されたかったのです。大人になり、私はセラピストになりました。私が会長を務める「グループ・ラボラトリーズ」の中では、私は有名人です。少なくとも、この世界ではスターの気分を味わっています。遠くに住む名前も知らないファンではなく、実際に一緒に仕事をしている人たちから愛され、尊敬されています。それが日々の仕事の活力にもなっているのです。

4 目標がたくさん見つかりすぎてしまったら

「探偵ごっこ」と「好きな活動を二十個あげる」エクササイズを思いだしてください。あなたについて何がわかったでしょう？　何か共通のテーマのようなものは見えてきますか？　自分にとって本当に大切なことや、目標のヒントはありますか？　自分の才能や長所をすべて生かせるような目標を、新しく考えることはできるでしょうか？　**想像力を自由に解き放ちましょう。突拍子もないアイデアが、目標につながるかもしれません。**

ビクトリアは二十九歳。アンティークの家具が好きですが、買うだけの余裕はありません。日曜日になるとアンティークショップに出かけ、歴史の息吹を感じるのを楽しみにしています。歴史ロマンス小説が好きで、パーティを開くのも大好きです。

彼女は、本当に大切な「基本」を「本物の歴史を味わえる雰囲気」と決めました。思いついた目標はなんと十五個。アンティーク製品のディーラーになる、インテリア・デザイナーになる、アンティークショップを開く、ヨーロッパの古城ツアーのガイドになる、などなど。

問題は、お金と時間でした。彼女は大手の保険会社で働きながら、一人暮らしをしています。仕事は決まりきった内容で特におもしろくはありませんが、安定しているので夢のためにその仕事をあきらめるわけにはいきません。でも、たまにアンティークショップを見て回るだけでは、満足できなかったのです。そこで私は、週末や自由な時間を使って、とりあえず今すぐにできることから始めてみるようにアドバイスをしました。

ビクトリアは二つの目標を決めました。一つは、週末を使って、近所の人や友人たちのために家具の修繕の仕事を始めること。好きなことをしながら収入も増やせるので、一石二鳥の目標でしょう。もう一つは、週に一度インテリア・デザインの講座に通うこと。チャンスがあれば、将来的に仕事を変えることも視野に入れています。

もしかしたら、あなたも同じような問題に直面しているかもしれません。この本の前半に書かれたエクササイズで、目標がたくさん見つかりすぎてしまったら、どうすればいいのでしょう？　一度の人生でそれをすべて実現するなんてとても無理、最低でも五回は生まれ変わらないと実現できないと、気づいてしまったら？

エクササイズ
Exercise 11

5

もしも5回生まれ変われるとしたら？

書きだすことから始めよう

もし5回の違う人生を生きられるとしたら、それぞれでどんな人生を送るでしょうか？

このエクササイズも、自分に合わせて形を自由に変えてください。三回の人生で十分だと感じるなら、三回でいいのです。十回は必要だと思うなら、十回にしましょう。また、それぞれの人生で別の人になるという意味ではありません。あなたのままで、五回の違う人生を生きるのです。

実際にどんな人生を生きるにしても、実現しなかった人生をきっと悔やむことになるでしょう。それが自然な感情です。

天才と呼ばれる人のほとんどは、マルチ人間です。アインシュタインだって、物理学と同じくらい音楽が好きで、バイオリン演奏が趣味でした。

それは、あなたの場合も同じです。**五つの人生のすべてがあなたにとってとても大切なのだから、一つの人生ですべてを実現させるべきですし、実現することができるのです。**

時間は、思っているよりもたくさんあるもの。

複数の好きなことを一つの人生に組みこむことは可能です。その方法を紹介しましょう。

1 好きなことを、一度に一つずつ

人生も中盤にさしかかってからキャリアを変える人、たとえば企業の重役をやめて本屋を開くような人は、この「一度に一つずつ」という人生設計に従っています。

この人生設計は、家庭もキャリアも充実させたいと思っている人にぴったりです。女性だったら、早めに子供をつくり、子供が手を離れたら仕事に復帰するという方法もあるでしょう。最初にキャリアを確立し、三十代で子供を持ってもいいでしょう。

このプランの利点は、この先に楽しいことが待っているとわかっていると、目の前の目

標を期限までに達成するエネルギーがわいてくるということです。

欠点は、いちばん望んでいる目標を、先延ばしにしてしまうということ。それを避けるには、**五つの人生に優先順位をつけ、いちばん大切なものを最初の目標にすることです。**

2 好きなことをマルチタスク

複数の人生が同じくらい大切だったら、どうすればいいのでしょう？　そんなときは、全部いっぺんに実現すればいいのです！

アマンダは、ケンタッキーで競走馬の繁殖の仕事をして、ニューヨークでは編集者として働いていています。ニューヨークのオフィスには、サラブレッドの写真がたくさん貼ってあり、休暇や週末には地方の競馬場にレースを見に出かけます。

また、複数の仕事をかけもちする生活は、「安定した収入か、自分の好きなことか」というジレンマを解決する手段にもなります。ちなみに、ニューヨークのジャズクラブにはウォール街勤務のエリートでありながら、夜や週末に演奏するミュージシャンがたくさんいるのです！

3　好きなことをパッチワーク

これは「好きなことをマルチタスク」のバリエーションで、それぞれの目標に決まった時間を割りあてるという方法。たとえば、教師の仕事をしている人は夏休みを他の活動にあてることができます。大学の教授だったら、研究や執筆のために長期の有給休暇をもらえるでしょう。でも、教師や大学教授でなくても大丈夫です。看護師のマーガレットは、二年間働いてお金を貯めると、半年の休暇を取ってヨーロッパを旅行しています。

4　好きなことをひとまとめ

二つか三つの好きなことを一つの目標にまとめるという方法もあります。

出版社の仕事と、競走馬の繁殖の仕事をかけもちしているアマンダは、競馬に関する本を出版しています。看護師で、旅行が好きなマーガレットの場合は、看護のスキルを世界各地で役立てるという方法もあるでしょう。

5回の違う人生を生きられるとしたら？

1　今と同じ人生

2　19世紀の植物学者

3　理論物理学者

4　ミュージカル女優

5　無人島で文章を書く世捨て人

この方法では複数の好きなことを同時にできるので、とても満足度の高い生き方になります。人生を最大限に楽しみたいのなら、好きなことを我慢する必要はありません。

でも、五つや六つもある好きなことをすべて同時に行うなんて、本当にできるのでしょうか？　多くの人は、まだ一つの才能だって生かしきれてはいないでしょう。だから、ダ・ヴィンチのようなマルチな天才に感服してしまうのです。そういう人たちは、私たちとは違う人種なのでしょうか？　私たちには時間もないし、そんなエネルギーもありません。

6 好きなことを「おやつ」にする

時間とエネルギーのジレンマを解決するには、好きなことを、主食ではなくて「おやつ」にしてみましょう。つまり、ただ楽しむために、ときどき行うのです。「弁護士として成功したら、馬を飼おう」というふうに、楽しみを先延ばしにしてはいけません。どんな人でも、もうがんばれないというときはやってきます。そんなとき、人は息抜きにテレビを見たりして過ごすでしょう。代わりに、その時間に好きな活動をしてみては?

たとえば、私は猛烈な勢いで働いていますが、今の人生が気に入っています。でも、人生これだけではつまらない。たまにはおやつも必要です。

そこで私は、自由な時間ができると絵を描いています。物理学の本を読むのも好き。アマチュア演劇に出演するという目標もあります。好きなことをしていれば、幸せなのです。

楽しい人生に「おやつ」は欠かせません。それに、将来の目標を生みだす種にもなるでしょう。週に一度、月に一度であっても、好きなことを楽しむ時間はかならずあります。人生は楽しむためにあり、あなたには好きなことをすべて楽しむ権利があるのです。

本当の自分を知る

Part 4
ネガティブ・シンキングは最高の味方

1 ネガティブな感情はかならずやってくる

さあ、もう自分のほしいものがわかりましたね。この章では、現実に戻ります。

今まではただ楽しく夢を見てきましたが、今度は「問題リスト」に取り組みましょう。

高い目標を掲げるだけでは十分ではありません。**目標を実現するには、経験、コネ、ノウハウ、お金、ガッツなど、さまざまなものが必要です。**現実を考えないで目標を決めるのは、散らかったものをベッドの下に隠して掃除をした気になっているのと、同じようなものでしょう。


では、問題リストについて詳しく見ていきます。「お金がない」「家族が賛成してくれない」「勉強はいつも苦手だった」「地道な努力がまったくできない性格だ」などなど。

どの問題も切実で難しく、解決するにはかなりのエネルギーと思考力が必要になるでしょう。でも、心配はいりません。

大切なのは、ゲームプランと戦略。それさえあれば、楽しみながら問題を解決できます。たとえば、橋のない川を渡るにはどうすればいいでしょう？　答えは簡単、ボートを用意すればいいのです。でも、ボートを買うお金がない？　それなら借りればいいのです。でも、ボートを漕げない？　ボートを漕げる友達に手伝ってもらいましょう。それで大丈夫ですか？　うん、大丈夫。さあ、これで問題解決！　こんなに簡単なことなのです。

これは、具体的な方法を考えることによって解決ができる「現実的な問題」です。今は途方に暮れていても、解決策がかならずどこかに存在します。

でも方法を考えても、いつまでたっても解決できず、堂々巡りしてしまうことがあります。前の例で言えば、友達にボートを漕いでもらうのは申し訳ないから頼めないとか、ボートに乗ったら船酔いしてしまうかも……などなど。

原因は、川を渡るのを恐れてしまう気持ちです。これこそが、夢に挑戦しようとしたときにかならず経験する「ネガティブな感情」。挑戦に怖じ気づき、逃げようとしてしまうのです。できない理由を並べるのは、不安や恐怖を訴えたいという気持ちの表れです。

2 「発散の時間」を活用する

世の中では、文句を並べるのは悪いことのように思われています。不平や不満をすべて押し殺し、いつも機嫌よくいい人でいるべきだというのが常識でしょう。

でも、ネガティブな感情を持つのは、人間としてとても自然なこと。そしてネガティブな感情を持ったときは、それを吐きだしたくなるのも当然です！

この本の前半を読んで、あなたはきっとさまざまな夢や希望に胸をふくらませたことでしょう。自分の可能性にワクワクしたはずです。

でも今度は、厳しい現実と向きあわなければなりません。すると、不安や恐怖や後悔などの負の感情がわきあがってきます。せっかく夢見心地で高く舞いあがっていたのに、地面に突き落とされてしまったような気分。そんな今こそ、ネガティブな感情をすべて吐きだして、すっきりしてしまうべきなのです。

それに、ネガティブな感情を持つのはいいことでもあります。厳しい現実に直面しても何も感じなければ問題があるでしょう。何も感じないのは、夢をすっかりあきらめてしまっている証拠だからです。

あなたの夢は、あなたの身体の一部と同じくらい大切で、生きていくためになくてはならないもの。

だから、厳しい現実に向かって癇癪を起こしてもよいのです。

私は、愚痴をこぼしたり癇癪を起こしたりする時間を「発散の時間」と呼んでいます。

ところで、問題リストを見たときに生じるいやな感情は、あきらめてしまった夢への後悔や、失望を恐れる気持ちだけではありません。夢を実現できるかもしれないという可能性に対しても、人は恐怖を感じるものなのです。新しい挑戦や変化への恐怖です。

目標を達成できない理由ばかりをいろいろ並べてしまうのは、本当にできないと思っているからではなく、心のどこかで、挑戦することから逃げているからなのです。

今のあなたは、きっとおびえているでしょう。それは、新しい挑戦への恐怖でもあり、また成功することへの恐怖でもあります。恐怖や不安をたった一人で抱えるのはとても大変です。でも、この本があれば大丈夫。難しい状況への対処の仕方については、これからじっくり説明していきます。

矛盾したことを言うようですが、どんなに手を尽くしても恐怖はなくなりません。挑戦する価値のあることなら、恐怖を感じて当然だからです。

夢を形にすると決心したその瞬間から、あなたは未知の世界に足を踏みいれているのです。新しいものやリスクに直面すると、アドレナリンが分泌されます。心臓がドキドキして、膝がガクガク震えます。舞台に上がるときの緊張と同じ感覚といえるでしょう。

あなたはこれから、夢に向かって新しい挑戦をするのですから、楽をすることはもうあきらめてください。でもその代わりに、ワクワクするような興奮や、仲間ができる喜びなら、味わうことができます。

それでは、スタート！

初日の舞台を目前にひかえた女優のようにふるまいましょう。そう、癇癪を起こしてだだをこねるのです。

「あの照明はひどすぎるわ！　こんなセリフ、言いたくない！　脚本家も監督も本当に意地悪だわ！　だめ、まだ舞台に上がれない。ぜったいにできない。もう帰る！」

どうです？　気分がよくなったでしょう？

これが、「発散の時間」です。

「発散の時間」は、誰もがよくやる怒りやストレスの発散を、儀式の形にまで高めたものです。少し練習をするだけで、あなたも楽しく癇癪を起こすことができるようになります。

エクササイズ
Exercise 12

3 大きな声で文句を言おう

書きだすことから始めよう

問題リストから問題を選び、声に出してさんざん愚痴や文句を言ってみましょう。

83ページの問題リストを見て深刻な問題を一つ選びましょう。たとえば、お金がないこと、家庭の事情などです。

どうしてその問題がすべてを不可能にしてしまっているのか、よく考えてみましょう。

とにかく最初はさんざん愚痴りましょう。たとえば、こんなふうに。

「たとえ学校に通ったとしても、最初の学期で落ちこぼれるに決まっている。昔から勉強が苦手だったもの。じっと座って勉強するなんて、考えるだけで頭が痛くなる！」

今度は、そのネガティブな感情を少しずつ楽しめるようになりましょう。大げさに言ってみたり、悲劇のヒロインを気取ってみたりするのです。標的は何でもかまいません。自分自身でも、目標でも、お母さんでも、何でもいいから大きな声で文句を言いましょう。

「そもそも、私は勉強がきらいなのよ。退屈だし、集中力も続かない。だいたいお母さんが勉強をすすめたりするからこんなことになったんだ。私は今のままでも十分に幸せなの。こんな面倒なことやってられないわ。もう、チョコレートをやけ食いして太ってやる！」


さて、今の気分はどうですか？　晴ればれとしているのではないでしょうか？　不可能に見えた目標も、実現できるような気分になっていませんか？　もちろん、まだ問題はどれも解決されていませんが、それでも気分が明るくなったのではないでしょうか？

そのわけは、さんざん愚痴ることで「できない」の核心に到達したからです。つまり、「できない」の本当の意味は「やりたくない」だったのです。そう、子供がだだをこねるのと同じなのです。今の世の中には、成功するためにはポジティブな姿勢を持たなければならないという考えが蔓延していますが、これは間違い。

自分自身を振り返ってみるだけでも、ポジティブ・シンキングに力なんてまったくないことはわかるはずです。「私はできる。私はできる」と呪文のように唱えても、そんなのは本心じゃないとすぐに悟ってしまうでしょう。**無理にポジティブな態度をとるのは、まったく逆効果なのです。反対に、ネガティブな姿勢は、やる気の源になります。**

これが、「ネガティブ・シンキングの力」です。

たとえば、子供が宿題をやりたがらない場面を想像してみてください。

そんなとき、「宿題をしなさい！　いい成績が取れないでしょう。成績が悪いと大学に行けないわよ。大学に行けなかったら大変でしょう！」と言ったら、子供はますます意地になり、部屋にこもってマンガを読むでしょう。

では今度は、こんなふうに言ってみましょう。「宿題なんか床に投げ捨てて、思いつくかぎりの悪口を言いなさいよ。でも、それがすんだら、さっさと片づけてしまいましょう」。子供は大笑いをするでしょう。宿題も無事に終わります。

もちろん、宿題はやらなければなりません。それは子供にもわかっています。でも、だからといって宿題を好きになる必要はないのです。そして、それはあなたも同じです。

「発散の時間」の原則は、「吐きだしてから、片づける」。まずネガティブな感情や態度を、さらけだして、それから問題解決や計画、行動に、前向きに取り組みましょう。

もちろん、癇癪を起こしたり、愚痴を言ったりするのは良識のある大人がすることではないと思われています。ですから、「発散の時間」を実行するときは、周りの人に次のようなことをお願いするといいでしょう。

1 拍手喝采

どうせなら、独創的な不平不満を言ってみましょう。周囲の人々に声援をもらい、大声で笑ってもらい、「今のセリフ、最高！」と言ってもらいましょう。誰がいちばんおもしろい文句を言えるか、競争してみてもいいかもしれません。

2 参加・同調

せっかくネガティブな感情を発散しているのに、「悪いほうに考えちゃだめ、物事の明るい面を見なくちゃ」とさとされるほど、白けることはありません。そこで周りの人には、何か言うとしても、建設的なアドバイスはやめてと断っておきましょう。参加してくれるのは大歓迎。不平不満に友達が同調してくれることほど、心強い励ましはありません。

3　賞賛

「ママがどんなに大変かわからないの？」息子たちが小さかったころ、私は文句ばかり言っていました。そのくせ、息子が手伝ってくれようとすると断り、でも愚痴をこぼしていました。ある日、私は気づきました。「ママは最高、すごい！」と言ってもらいたかったのだということを。私はシングルマザーとしてがんばっている自分を誇りに思っていました。ただ、うぬぼれ屋と思われたくなくて、それを口にすることはできなかったのです。

このような不平不満は、本当はほめてほしいという気持ちの表れです。大変な思いをしているときは、「がんばってるね、すごいね」とほめてもらいましょう。

エクササイズ Exercise 13

4 愚痴や不満をノートに書きだそう

書きだすことから始めよう

ノートを一冊用意して、愚痴や不満を書きだしましょう。

愚痴を他人に聞かせられないような状況もあります。たとえば、上司に向かって不満を爆発させるのはやめておきましょう。誰も見ていないところでぶちまければいいだけです。

いつでも持ち運べるような小さなノートが理想的です。**誰にも全部あきらめてしまいたくなる瞬間がかならずやってきます。そんなときは最悪の自分になって、思いつくかぎりの罵詈雑言を書き立てましょう。**ただし、「発散の時間」の最中に問題を解決しようとしないこと。これは建設的なことを考えるための時間ではないからです。

5 いつでもポジティブでいなくていい

あなたがつくった理想の家族が実在の人物なら、その人の伝記や手紙、日記を読むのも役に立ちます。偉人や天才だって苦労を経験し、あきらめてしまいたくなったこともあるのです。そんなとき、彼らも愚痴をこぼしたはず。**実際、彼らの日記や手紙には、愚痴や文句があふれています。つまり、いつでもポジティブでいなくても、成功できるのです。**

成功者たちは人並み外れた情熱やエネルギーを持っていたわけではありません。ただ、目標をかならず達成すると決心していたのです。リスクのある場所に、勇気を持って踏みこんだわけです。あなたも今、同じ場所に足を踏みいれようとしています。必要なのは、「枠組み」と「サポート」だけ。すべての成功者は、これらを持ちあわせていました。あなたも自分なりの「枠組み」と「サポート」をつくっていきましょう。

人はいつでも前向きな気分ではいられません。怠けたくなることだってあるでしょう。

でも、それでいいのです。

腹が立つなら怒り、怖いのなら思いきり怖がればいい。気がすむまで不平不満をぶつけたら、腕まくりをしてやるべきことをやってしまいましょう！

願いをどんどんかなえよう

Part 5

夢をかなえる
発想転換テクニック

1 あなたはすでに魔法の杖を手にしている

パート1から4を読み終えた今、あなたには、明確な目標と、具体的な問題のリストがあるはずです。パート5以降では、目標を達成するまでの道のりを、具体的なステップごとに紹介していきます。

夢を一気にかなえてくれるような魔法の杖があったら……。そんなふうに思ったことはありませんか？　でも、あなたはもうそれを手に入れているのです。それは、あなたの頭脳（＝思考力）と、アドレス帳（＝人脈）。

思考力と友人の輪を組みあわせれば、山だって動かすことができます。百万ドルだって手に入るし、まったく新しい分野の仕事につくことも可能です。結婚相手だって見つけられます。どうすればそんなことができるのかは、この先で詳しく説明しましょう。

思考力を最大限に活用する方法の一つは、「発想の転換」です。

私たちを取り囲む厳しい現実は、たいてい「常識という名の思いこみ」からきています。「常識という名の思いこみ」とは、たとえば「ファーストクラスで世界旅行できるのはお金持ちだけ」「MBAを持っていなければ出世できない」といったもの。でも成功した人たちは、みんなこのような思いこみを打ち破ってきました。できるかどうかで悩むのではなく、できることを前提に、具体的な方法を考えましょう。

もう一つは、友人の輪を活用する方法です。

すばらしいアイデアがあるだけでは、目標を達成することはできません。そこで「人脈＝ネットワーク」の出番となります。自分の力だけで成功できる人なんて存在しません。甘えていると思われたくないために、他人に物事を頼めないような風潮を、私は「病的な個人主義」と呼んでいます。

人がお互いに提供しあうことができるもっとも貴重な資源は、友達や知り合いといった、いわゆる「自分の知っている人たち」です。その資源を活用する方法については、パート6で詳しく説明しています。

2 あなたの夢の「基本要素」は？

目標を達成するためには、まずはあなた自身の思考力を最大限に活用しましょう。これから説明する発想転換のテクニックは、二つの段階に分かれています。

第一段階では、現実のことはひとまず忘れて、とにかくあらゆるアイデアを出していきます。この段階は、一人で進めてもかまいませんし、友達（生身の友達でも、想像上の友達でも）に手伝ってもらってもかまいません。

第二段階では、第一段階で浮かんだアイデアからいちばんいいものを選び、それを実際に行動に移せる形に変えるのです。ここでの作業は、夢と現実の間に橋を渡すようなものと考えていいでしょう。

ではここで、具体的な例をあげて考えていきましょう。すべての人にとってもっとも深刻な問題は何だと思いますか？　そう、お金です。

お金というものは本当にやっかいな存在です。この問題と対決するために、まずは誰にとっても大金と思える額から考えていきましょう。たとえば、百万ドルです。百万ドルの問題を解決できれば、それ以下の額だったら何でもないと思えるはずです。

あなたの夢は、自分のクルーザーで世界一周の船旅に出ることだとします。たいていの人にとって、自分のクルーザーで世界旅行なんて夢のまた夢でしょう。そこで、問題リストに「クルーザーを買えるのは大富豪だけ」というようなことを書きこみます。

その後、次の二つの質問を自分に投げかけましょう。

1　大富豪にならなくてもクルーザーを手に入れるにはどうしたらいい？
2　大富豪になるにはどうしたらいい？

さて、まずはあらゆるアイデアを出していきますが、質問1と2のどちらからスタートしたらいいでしょう？　その答えは、あなたにとっていちばん大切な「基本要素」によって決まります。ここでの「基本要素」は、次の三つと考えられるでしょう。

・とにかくお金持ちになる
・クルーザーを所有する
・世界一周クルーズをする

とにかくお金持ちになることがいちばん大切な人だけが、質問2から始めてください。
もちろん、誰だってお金持ちにはなりたいでしょう。でも、「もしお金があったら、あんなことやこんなことができるのに」と考えているのであれば、**あなたにとってお金は手段であって目的ではないのです。それなら、お金のことはひとまず忘れて、まずやりたいことをやってしまいましょう。**お金が貯まるまで待っていては、ずっとやりたいことができません。

というわけで、あなたにとって大切な「基本要素」は、「クルーザーを所有する」か、「世界一周クルーズをする」ことだとします。それでは、お金がなくてもそれらを実現する方法を考える際のテクニックを紹介しましょう。

3 自由な発想を生む3つのテクニック

現実を忘れて自由に発想することを「ブレーンストーミング」、略して「ブレスト」といいます。ここでは、そのテクニックを三つ、紹介しましょう。

1 紙と鉛筆で「一人ブレスト」

何も書いていない真っ白な紙と鉛筆を用意して、じゃまの入らない静かな場所に一人で座ります。そして紙のいちばん上に問題を書きだします。

たとえば、こんなふうに。「百万ドルがなくても、クルーザーを手に入れるにはどうしたらいい？」「百万ドルがなくても、優雅に世界旅行をするにはどうしたらいい？」

次に、頭に浮かんだアイデアをすべて紙に書いていきます。どんなアイデアでもかまいません。それこそ、「夜中にクルーザーを盗む」だっていいのです。時間の制限もありません。とにかくアイデアが出尽くすまで続けましょう。

2 他人になりきる「ロールプレイ・ブレスト」

普段のあなたの姿は、社会や文化の中で形づくられた一つの役割にすぎません。**普段のあなたが、あなたという人間のすべてではないのです。想像の中で自分以外の誰かになり、その人の目で問題を眺めてみましょう。**

どの役割を演じるかは、パート2の「理想の家族」の中から決めてもかまいませんし、別の人たちでもかまいません。

誰になるかを選んだら、目を閉じて、その人の人

もしアインシュタインだったらどうする?

1 世界一周クルーズを楽しむ大富豪の話し相手

2 船上大学の講師

3 船上バイオリニスト

他にもいろいろ……。

生や周りの環境を想像し、完全になりきります。そして目を開けて問題を眺め、その人になりきったままで思いついた解決策を書いていきます。

たとえばアインシュタインだったら、右下のような解決策を思いつくかもしれません。

「ロールプレイ・ブレスト」は、一人で行きづまってしまったときに役に立ちます。

3 みんなで話しあう「グループ・ブレスト」

ビジネスでは、会議でアイデアを出しあいます。たくさんの人数がいたほうが、物事をさまざまな角度から眺めることができるからです。視点を変えるだけで、あっさりと解決策が見つかることはよくあるでしょう。

このグループ・ブレストに参加する人は、あなたの問題について知識や経験がなくても一向にかまいません。むしろ、何も知らないほうがいいのです！　専門家というものは、「何ができないか」しか知らない人たちですから。何も知らない人は、先入観がないため最高のアイデアを思いつきます。

また、人生経験が豊富な年輩の人たちもいいアイデアを思いついてくれます。今のように便利でなかった時代を知っていますし、それに若い人よりも物事を深く考えることができます。

参加者は誰でもかまいません。家族でも、友人でも、テレビの修理に来てくれた人でもいい。みんな喜んで参加してくれるでしょう。アイデアを出しあうのは、最高におもしろいゲームだからです。

ルールはありません。思いつくかぎりのアイデアを出してもらいましょう。そして、一つ残らず紙に書きこむこと。

クルーザーで世界一周の旅をすることを本気で夢見ているのなら、このリストの中に魅力的なアイデアが見つかるはずです。

買わずに自分のクルーザーを手に入れる方法

1 クルーザーを盗む
2 クルーザーを持っている人と結婚する
3 懸賞でクルーザーをあてる
4 ギャンブルに勝ってクルーザーを手に入れる
5 何人かの友人と共同で購入する
6 古いクルーザーを安く買い、修理する

お金をかけずに世界一周クルーズをする方法

1 密航する

2 クルーザーを持っている友達をつくり、世界一周旅行に招待してもらう

3 クルーザーを借りる

4 自分が持っているものと交換でクルーザーを使わせてもらう

5 船上でできる仕事をする（船長／技師／クルー／給仕係／バーテンダー／コック／マッサージ師／高齢者や障害者の介助係／小さな子供の世話係／ライフガードか水泳のインストラクター／ミュージシャン／歌手など）

6 お金持ちのための教育ツアーを企画する

7 船会社のために宣伝航海を企画する

8 エコロジー、飢餓の撲滅などの人道的なテーマでツアーを企画する

9 科学探検ツアーや船上大学を企画する

もちろん、今の段階では、そのアイデアは、百万ドルを手に入れるのと同じくらい、不可能に見えていることでしょう。

4 アイデアリストを編集する

想像力を解き放ってアイデアを集めた結果、「○○がなくても目標を達成する方法」のリストができました。

次は、いちばん気に入ったアイデアを一つか二つ選び、それを実際に行動に移せる形にしていきます。別の例をあげて説明しましょう。

二十七歳のメアリーは最初の目標を、「医学部に入学すること」と決めました。メアリーは昔、医学部に通っていましたが、あるチェリストと出会い、恋に落ちたのです。彼はオーケストラの団員で、演奏旅行で世界中を回っていたので、メアリーは難しい決断を下しました。医師になることはあきらめて、彼と結婚して一緒にツアーを回ることにしたのです。

ところが、彼の心変わりにより結婚生活は終わりを告げ、メアリーは電子機器の会社で働くようになりました。

　メアリーは医学の道をあきらめたことを後悔しました。でも、生きるために働かなければならないし、それに学校に戻るには遅すぎる。それでも医師になるという夢を、どうしてもあきらめることができなかったのです！

　そこで私は「医学部入学」を目標にするようすすめ、問題リストをつくってもらいました。

問題1　お金がない。
問題2　勉強し直さなければならない。

　二つとも深刻な問題です。そこで次に、それぞれの問題で「グループ・ブレスト」を行うことにしました。メアリーは、まず「お金」の問題を選びました。医学部に通うのにお金が必要だからです。参加者は、お姉さんと友人です。

　すると、次のページのようなリストができあがりました。

問題リスト

・お金がない

・勉強し直さなければならない

↓

自分のお金を出さずに医学部を卒業するにはどうすればいい?

アイデア1　奨学金をもらう

アイデア2　学費ローンを利用する

アイデア3　宝くじにあたる

アイデア4　お金持ちと結婚し、学費を出してもらう

アイデア5　地元の新聞に自分の記事を載せ、お金持ちのスポンサーを見つける

リストを見てわかるように、まず常識的なアイデアが浮かびます。その後に続くのが「誰かが助けの手を差しのべてくれる」という夢物語です。

この段階では、どんなアイデアも削除してはいけません。理由は二つあります。一つは、どんなに突拍子もないアイデアでも、どこかに役に立つヒントが隠れているかもしれないから。もう一つはあるアイデアに興味がわかないという気持ちの裏には、どうせうまくいかないという悲観的な考えが隠されているかもしれないから。

すべてのアイデアについて、それを実践する方法を考えてみなければ、うまくいくかどうかはわからないものなのです。

ここでのルールは、三つの質問をもとにすべてのアイデアを吟味するまでは、どのアイデアも捨ててはいけないということ。その三つの質問とは、以下の通りです。

1　このアイデアの役に立つ部分は何？

2　このアイデアの非現実的な部分はどうやったら解決できる？

3　このアイデアを発展させるとどんなアイデアになる？

アイデア1：奨学金をもらう

役に立つ部分：借金をしなくてすむ

問題：1　選抜テストで高得点を取らなくてはならない
　　　2　医学部に奨学金制度があるかどうかわからない

解決方法：1　予備校に通い、猛勉強する
　　　　　2　医学生のための奨学金制度について調べる

このアイデアを発展させると？：
奨学金制度を自分でつくる。企業に手紙を書き、医学部を目指す女性向けの奨学金制度を始めれば、イメージアップにつながると訴える

ではここで、メアリーが実際に行ったことを見ていきましょう。彼女は「奨学金をもらう」というアイデアにとても刺激を受けました。最初の段階でこのアイデアを捨ててしまっていたら、「自分で奨学金制度をつくる」という刺激的なアイデアを思いつくこともなかったでしょう。

前例があるかどうかも、企業がどんな反応を示すかもわかりません。でも、勇気を出して新しいことに挑戦すれば、誰かの目にはかならずとまります。メアリーは、「自分で奨学金制度をつくる」という案を「可能性のあるアイデア」と

して保留にし、さらにアイデアのリストの分析を進めました。

アイデア3の「宝くじにあたる」とアイデア4の「お金持ちと結婚し、学費を出してもらう」については、まったくの夢物語だと判断したので除外することになりました。それに、もしそういうことが起こったとしても、運や愛に頼りたくないのです。

ここまできたら、第二段階に進んでもいいでしょう。メアリーがいちばん気に入ったのは、「奨学金制度を自分でつくる」というアイデア。それと並行して、実際にある奨学金やローンの制度についてもさらに調べようと決めました。

アイデア2：学費ローンを利用する

役に立つ部分：一般的な方法、ルートがすでに存在する

問題：1　よい成績を取らなくてはならない
　　　2　生活費まではカバーしてくれないかもしれない
　　　3　返済に何年もかかる

解決方法：1と2はアイデア1の解決方法と同じ　返済を避けることはできない

このアイデアを発展させると？：

個人のお金持ちからお金を貸してもらう（アイデア5と同じ）

アイデア5：地元の新聞に自分の記事を載せ、お金持ちのスポンサーを見つける

役に立つ部分：地域愛に訴える

問題：a　スポンサーは現れそうもない

　　　b　施しを受けるような気分

解決方法：a　がんばって探す

　　　　　b　スポンサーをとりこむ、あるいは、自分にはお金をもらう価値があると自信を持つ

このアイデアを発展させると?：

「奨学金制度を自分でつくる」アイデアを実行して、新聞に記事にしてもらう。そして、その記事の切り抜きを企業に送る。有名雑誌にも送ってみよう！

5 フローチャートで目標までの道のりが見えてくる

どんな目標をかなえるにしても、自分の現状（現在地点）と、立ちはだかる問題を知り、目標地点を目指すという流れを誰しも実践していると思います。

第一段階のブレーンストーミングで、それぞれの問題が小さな目標に変わりました。大きな目標を達成するために必要なものを手に入れる、具体的な方法です。メアリーの場合は、次ページ下の図のようになります（試験に合格するという問題は、今のところ保留です）。

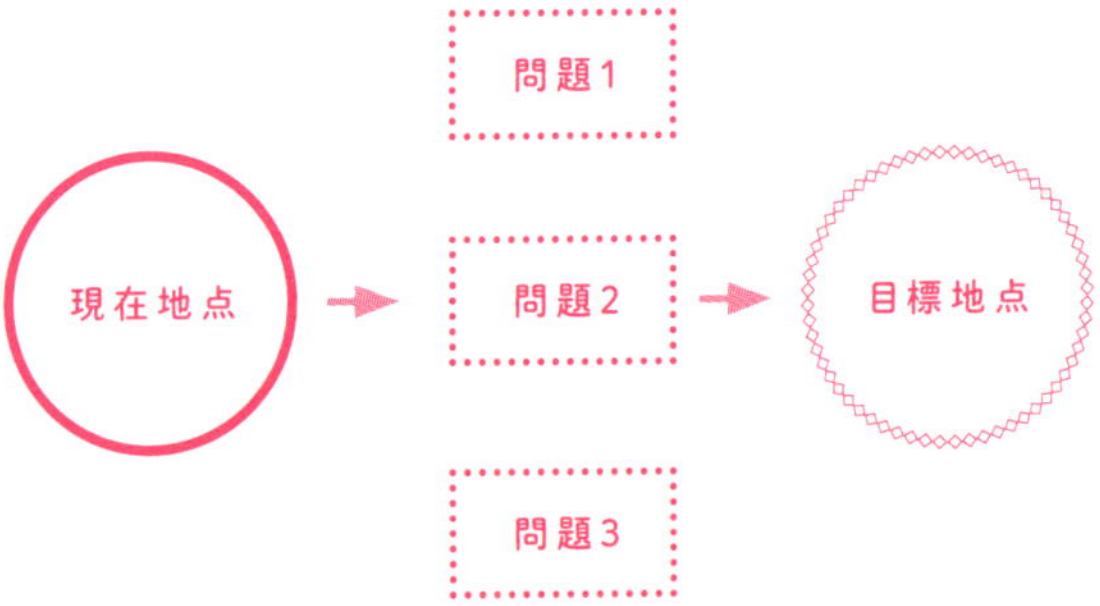

小さな目標を立てることで、目の前に立ちはだかる問題の壁にまず最初の穴を開けることになります。この時点では、小さな目標も、最終目標と同じくらい遠くに見えていることでしょう。メアリーの場合、存在さえしない奨学金をもらおうとしています。

そこで今度は、小さな目標を達成するための具体的な行動プランを立てていきます。つまり、現在地点と目標地点をつなぐ橋をつくるのです。

そのような橋をつくる方法は一つしかありません。それは、目標から逆算して計画を立てるという方法です。

まず目標があって、そこに到達するまでに必要な行動を逆算して考えなければならないのです。具体的に説明しましょう。目標に到達するまでの行動を考えるには、次の質問が役に立ちます。

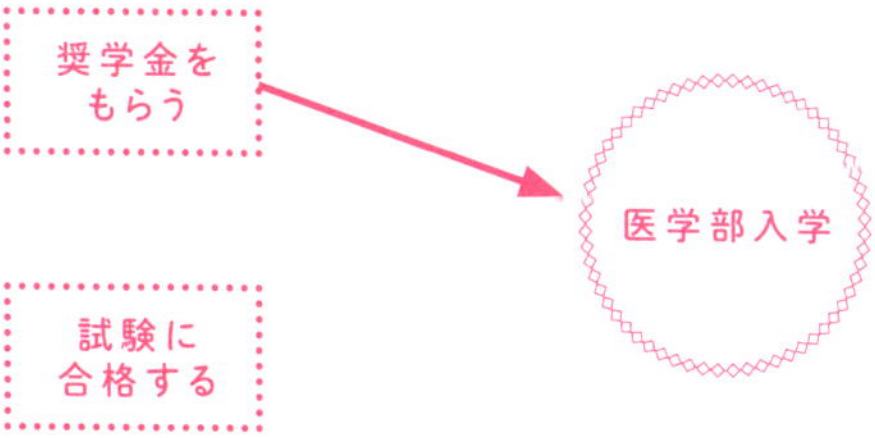

1　これを明日実行できる？（1の答えが「ノー」だったら、質問2に進みます）
2　最初にすべきことは何？

メアリーの場合で説明すると、当面の目標は大企業から奨学金をもらうことです。明日までにその目標を達成することはできるでしょうか？　もちろん無理です。

では、メアリーは最初に何をしたらいいでしょう？　そう、まずできるのは、さまざまな企業に手紙を出すことです。

それでは、その手紙を明日出すことはできるでしょうか？　まだできません。では、まず最初に行うことは？　それは、手紙の文面を考え、手紙を送る企業のリストをつくることです。第一段階で思いついた別のアイデアを使いたい場合、たとえば自分の計画を記事にしてもらい、その記事を企業に送るというアイデアを使いたい場合は、自分の記事が新聞や雑誌に掲載されるよう準備しなければなりません。

ちなみに、このフローチャートは、目標達成にあたって大変重要な役割を果たします。完成したフローチャートを見れば、目標までの道のりがはっきりと見えてくるからです。

フローチャート1

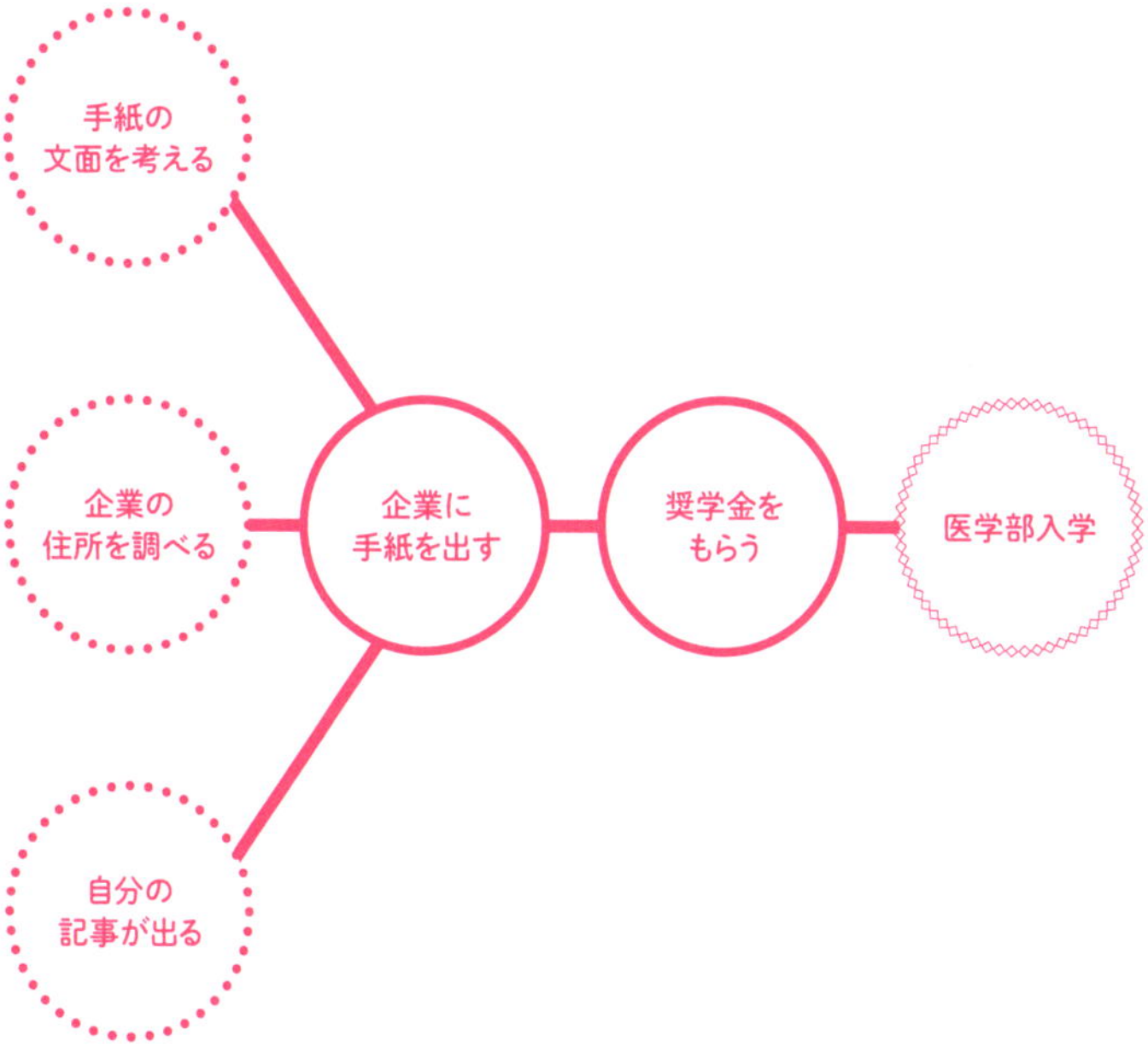

私自身もフローチャートを愛用しています。使い方を覚えれば、他のどんなプロジェクトにも活用することができます。自宅でパーティを開くときにだって使えるのですから。

現在の地点と目標までのギャップを埋めるすべてのステップが決まらないと、フローチャートは完成したとはいえません。つまり、**次のステップはいつでも、すぐ明日にでもできる行動でなければならないということです。**

では、メアリーのフローチャートに戻りましょう。メアリーが次にすべきステップは、「手紙の文面を考える」「企業の住所を調べる」「自分の記事が出る」の三つです。153ページのフローチャート上では点線の円で示してあります。

まず、「手紙の文面を考える」から見ていきましょう。それは明日にでもできることでしょうか？　たしかに、できないことはないでしょう。でもメアリーは、実際に手紙を書く前に、もっと勉強して、医学部に願書を出したいと思うかもしれません。その二つの行動も、フローチャートに書きこむステップになります。そこで、とりあえず明日できることは、「手紙に書く内容を簡単にメモしておくこと」になるでしょう。

次に、「企業の住所を調べる」について見ていきましょう。手紙を出す企業をリスト化し、それぞれの住所を調べることは、すぐ明日にでもできるでしょうか？　できません。まず下調べをして、どんな企業がこのプランに興味を持ちそうか、その企業のどの部署に連絡をとるのがベストかといったことを知らなければならないからです。

インターネットで調べられることもあるでしょうし、他の方法が必要になるものもあるでしょう。他の方法については、次のパート6で詳しく説明します。今のところは、フローチャートに「?」マークを書いておきましょう。

メアリーが明日にでもできるのは、「想像力を駆使してどんな企業にアプローチするか考えること」です。製薬会社？　それともビタミン剤をつくっている会社がいいでしょうか？

最後に、「自分の記事が出る」について見ていきます。自分の計画を地元の新聞に記事にしてもらうのは、すぐ明日にでもできるでしょうか？　それは無理です。まず新聞社に話をし、記者に取材をしてもらわなければなりません。

でも、そんなこと、どうやったらできるのでしょう？　いきなり新聞社に電話をして自分について話すのは、それほどいいアイデアとは思えません。これもまた「？」マークを書いておきましょう。

ここまできたら、お金の問題からいったん離れ、次の問題である「試験に合格する」について考えていきましょう。

「試験合格」と「お金」は後でつながります。

それではメアリーの自問自答をざっと紹介しましょう。

1　明日にでも試験に合格できる？　↓　無理

まず最初に何をしたらいい？　↓　とりあえず、願書を出すこと

2　明日にでも願書を出せる？　↓　無理。願書を取り寄せなければ

フローチャート2

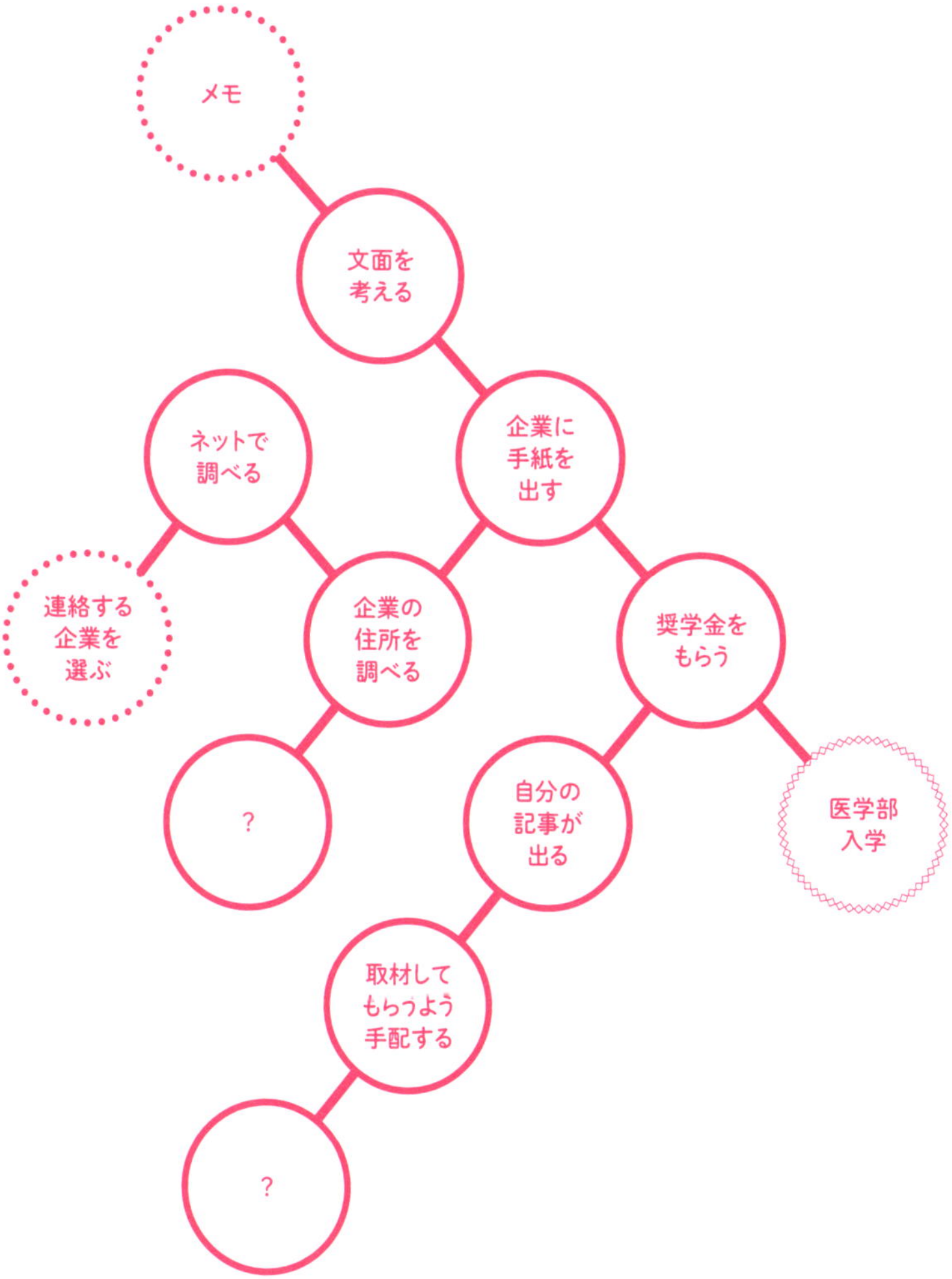
メモ
文面を考える
企業に手紙を出す
ネットで調べる
連絡する企業を選ぶ
企業の住所を調べる
奨学金をもらう
?
自分の記事が出る
医学部入学
取材してもらうよう手配する
?

3-1　明日にでも試験でいい点を取ることができる？→無理。まず試験そのものを受けなければ

3-2　明日にでも願書を取り寄せることはできる？→無理。どの大学に願書を出すかを決めるまでは

4-1　明日にでも試験を受けられる？→もし明日受けたら、ひどい点数に決まっている！　その前に予備校に通うべき

4-2　明日にでも志望大学を決められる？→無理。まずインターネットで大学案内を読まなければ。案内を読めば、学費のローンや奨学金制度についてもわかる。それなら明日にでもできる

5-1　明日から予備校に通える？→無理。どこで受講できるか調べなければ。それなら明日にでもできる。もう一つ明日できるのは、大学時代のノートを見直して、自分でも勉強を始めること

これでメアリーのフローチャートはほぼ完成です。フローチャート2と3を見れば、メアリーが明日できることは、160ページの五つだとわかります。

フローチャート3

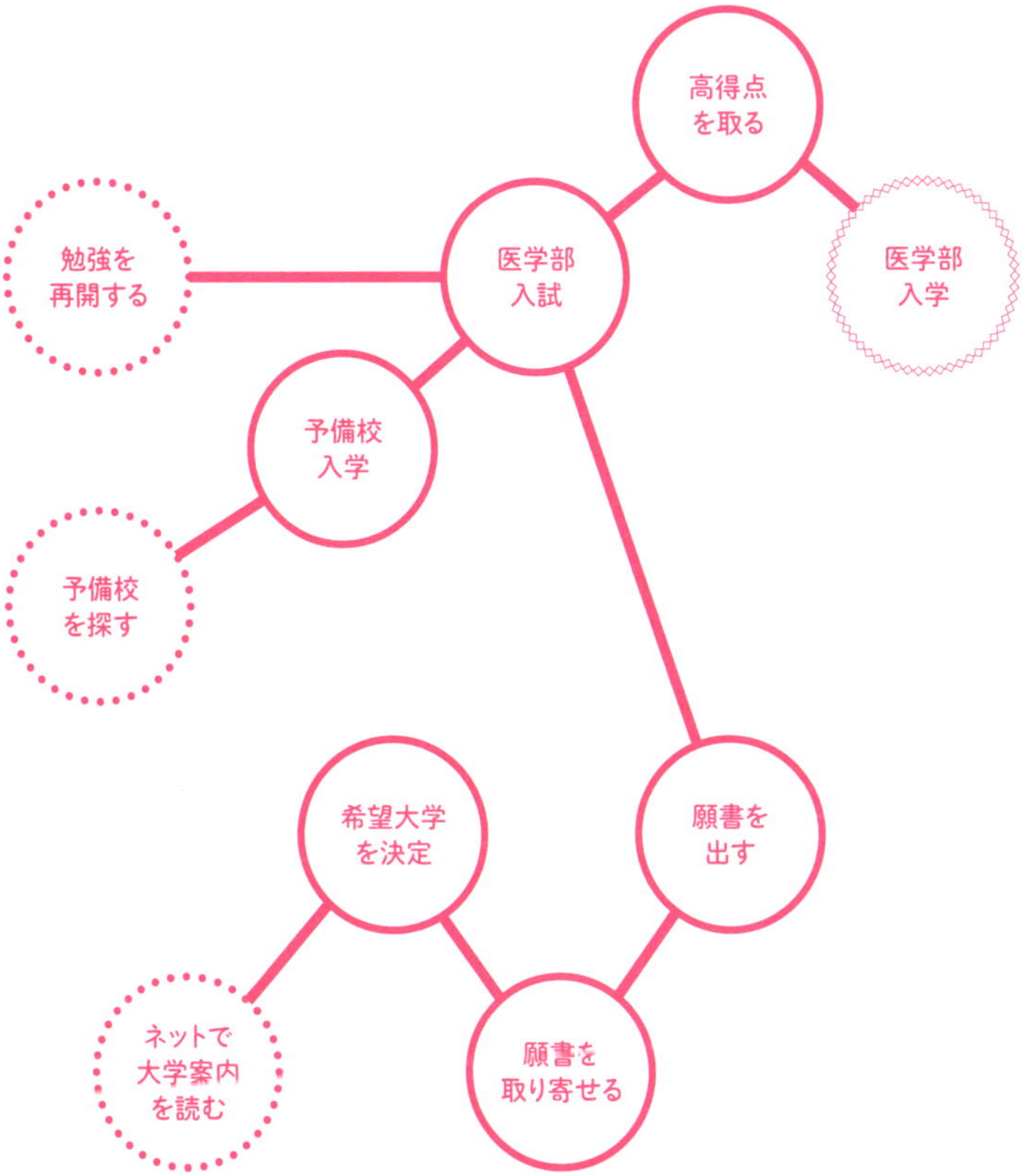
高得点
を取る
勉強を
再開する
医学部
入試
医学部
入学
予備校
入学
予備校
を探す
希望大学
を決定
願書を
出す
ネットで
大学案内
を読む
願書を
取り寄せる

＊メアリーが明日できること
1　説得力のある文面を考えるためにメモをつくる
2　連絡をとる企業を選ぶ
3　大学時代のノートで勉強を再開する
4　医学部受験のための予備校を探す
5　インターネットで大学案内を読む

このすべてを実際に明日行わなくても、近い将来にするべきことのリストにはなるでしょう。どれも、すぐにできる小さな行動で、しかも目標に直接つながっています。何か迷ったりしたときは、フローチャートを見ればいいのです！

「どうやって」のブレーンストーミングを行うことによって、不可能に見える目標を、普通にできる小さな行動に細かく分けることができます。

すべての目標は、まず情報収集から始まります。情報収集には、準備はいりませんし、特に勇気もいりません。それでいて、目標に向かって一歩を踏みだしたというスリルを味わうことができます。

遠くにある大きな目標ばかりを見ていると身体がすくんで動けなくなってしまいますが、小さな行動なら、何も考えずにぱっと実行することができるのです。

メアリーと同じように、あなたのフローチャートにもいくつか空欄があるでしょう。最初の行動が思いつかず、とりあえず「?」を書きこんでおいた部分です。この空欄があるかぎり、フローチャートは完成したことになりません。「?」の部分が、ずっと大きな壁になってしまっている人もいることでしょう。パート6ではその「?」の空欄を埋める方法を紹介しましょう。

願いをどんどんかなえよう

Part 6

あなたを支える
ネットワークづくり

1 夢はみんなでかなえるもの

もしグループ・ブレストを行ったなら、あなたはツイています。そこから自然に「ネットワークづくり」に発展するからです。みんなで集まって知恵を出しあい、いいアイデアが見つかったら、それを生かすため、各自の知り合いを総動員することになります。

たとえば、会社員のジャネットの夢は地方を旅しながら写真を撮り、写真集として出版すること。でも、撮影旅行の費用も出版のコネもありません。

ですが、ブレーンストーミングに集まった友人は言いました。「知人が、たしか壊れかけのバンを持っていて、安く売りたがっていたの。彼の電話番号を渡しておくわ」

今度は、また別の友人が教えてくれました。「親友のお兄さんが車の修理工なのよ！　彼の工場の宣伝写真を撮ってあげれば、ただでバンの修理をしてくれると思う」

するとまた別の人が言いました。「写真店で働いてみれば？　そうすれば暗室機材とか、使用期限が切れたフィルムや印画紙を安く譲ってもらえるかも」

集まった友人たちの中には、知り合いにジャーナリストがいる人もいました。そのジャーナリストは、財団に資金援助を頼む方法を知っているそうです。

全員がそれぞれのツテをたどり、撮影旅行中にジャネットを家に泊めてくれそうな人を探すことになりました。それから、援助金に頼らずに夢の実現を目指す計画を立てることにもなりました。とりあえず決まったのは、フリーマーケットを開くこと。

ぜひあなたも試してみてください。**ブレーンストーミングに集まってくれた人たちは、次々とアイデアを提案したり、人脈を紹介してくれたりするはず。**五分もしないうちに、あなたのメモ帳は具体的な最初の行動のアイデアでいっぱいになっていることでしょう。

これから何かすばらしいことが起こりそうなときは、誰もがそれに参加したいと思うもの。誰かの成功を助けたいと思うからです。グループ・ブレストに参加した人たちは、自分にも何か貢献できることがあると気づくのです。それはアイデアかもしれないし、人脈やスキルかもしれません。人助けは、創造性を発揮できる楽しい作業なのです。

技術が進歩した現代では、お互いに助けあうことは少なくなりました。協力の形が昔に比べてずっと機械的になっています。たとえば家を建てるときは、近所の人が集まって共同で作業をするのではなく、建売り住宅を買ったりするでしょう。サービスや物の提供は、すべてお金で換算されるようになりました。

個人の目標を追い求める自由が手に入ったというメリットもありますが、その代わりに、「みんなで共有する目標」という大きな代償を支払ったわけです。けれども、何かを達成するときに、もっとも満足できて喜びが大きいのは、力を合わせて行ったときなのです。

もし一人でブレーンストーミングを行い、フローチャートにまだ「?」の空欄がいくつか残っているなら、友達を呼んでアイデアを出してもらいましょう。そうすれば、集まった人たちがそのまま自然に「人脈」へと発展していくはず。

パート5では、はるか遠くにある目標までの道のりを描く方法を学びました。パート6では、人やスキル、知恵を結びつける橋をつくる方法を学んでいきましょう。

2 人脈を生かす2つのポイント

まず、自分にこう訊ねてみましょう。

「私は誰を知っているの？」

この質問は「有力なコネがありますか？」という意味ではありません。だから「コネがないから無理」と、行動を起こさない言い訳はやめてください。

この質問を文字通りの意味でとらえてみましょう。

あなたは誰を知っていますか？　友人や家族、親戚、知人は誰ですか？　あなたのアドレス帳には、誰の電話番号やメールアドレスが書いてありますか？　実際に知っている人こそが、あなたにとっての有力なネットワークになるのです。

では、どのようにしてそのネットワークを活用すればいいでしょう？　ごく簡単に行うなら、親友と二人でランチでもかまいませんし、電話で話すだけでもかまいません。でも、人数が多いほど、助けの手も、役に立つアイデアもずっと多くなります。最適な人数は四人か五人といったところでしょう。参加者の年齢や性別、職業はまちまちのほうがいいですが、そうでなければいけないということではありません。

自分のやりたいことのために協力を求めるなんて、と遠慮を感じる必要はありません。

周りの人も、あなたの夢に参加するという楽しみを味わうだけでなく、あなたから刺激を受けて、自分の夢を目指す勇気がわいてくるでしょう。ですから、遠慮せずにどんどん周りの人を自分の目標にまきこみましょう。

とはいえ、このブレーンストーミングは仕事のミーティングのように真剣に行わなければなりません。ポイントは二つ。

一つは、自分のほしいものをできるかぎり具体的に伝えること。まず最初に自分の目標について詳しく話し、次に目標達成に必要なものをすべて伝えます。ただ「助けて」とお願いするだけでは、ほとんど効果は期待できません。でも、たとえば中古のピアノがほしいとはっきり伝えれば、有益な情報やアドバイスが次々と集まるはずです。

そして、二つめのポイントは、できるかぎり具体的な情報を手に入れること。個人の名前、住所、電話番号、メールアドレス、本の題名などです。ブレストの目的は、フローチャートの最初のステップ、つまり、今日か明日にでもできることを決めることです。

もしあなたの目標が、重役秘書から重役になることで、参加者の誰かが「実際に重役秘書から重役になった人を知っているわよ！」と言ったら、「わあ、すごい！」で終わりにしてはいけません。かならずその人の名前と連絡先を教えてもらいましょう。

「ちょっと待って。展開が速すぎてついていけない！」

あなたはそんなふうに不安になっているかもしれません。それは、空想にふけるだけの安全地帯から外に出て、現実の行動という恐ろしい世界に足を踏みいれようとしているから。**集まった情報から、実際に行動を起こしましょう――それも、すぐに明日にでも。目標を達成するには、そうするしか道はありません。**もちろん、不安で落ち着かない気分になるでしょう。でも、集まってくれた人たちが、あなたの心の支えにもなってくれます。

自分の目標を他の人に話すのはとても大切なことです。誰かが自分の目標を知っているとわかっていれば、簡単にあきらめたり怠けたりできないから。

途中であきらめたりしたら、自分だけでなく、周りの応援してくれた人もがっかりさせることになります。

このように、他人の目は、自分の「意志の強さ」よりもよっぽど効果があります。そのため、人を紹介してもらったり、アイデアを出してもらったりしたときは、その後の行動や成果についてきちんと相手に報告するという決まりをつくっておくといいでしょう。

3 あなたが人脈から得られるもの

前にも触れましたが、あなたの持っている資源の中でもっとも貴重なものは「人脈」です。友人や知り合いを通じて得られるものはたくさんあります。ここでは、それを順に紹介しましょう。

1 情報

情報を手に入れるには、インターネットや本、図書館もあります。でもあいまいなことを調べたい場合、最短ルートはなんといっても友達や知人からの情報です。

栄養士のステイシーは詩を書くのが大好き。いくつかを友達に読んでもらったところ、一作でも活字にすることを目標にしてみたらとすすめられました。アマチュア詩人の作品を出してくれる出版社なんて見当もつきませんでしたが、友達が地元の短大で創作コースを受講したことがあったので、その友達から文芸誌を出している出版社の連絡先をいくつか教えてもらいました。

私たちは、自分で気づいているよりもたくさんの情報を持っています。何気なく読んだことや、たまたまテレビで見たことなどが頭の中に眠っていて、何かきっかけがあると突然その情報を思いだすのです。人の頭の中に眠る情報を、活用しない手はありません。

2 モノ

今の世の中でお金がこんなにも大きな力を持っているのは、ひとえに「病的な個人主義」のおかげでしょう。他人に頼らず、「自立」している人たちは、友人や知人に頼めばただで手に入る物でも、お金を出して買ってしまうからです。

何かをただで手に入れるには、まず「借りる」という方法があります。ある脚本家は、一文無しの時代に友達から借りたパソコンで脚本を書き、それがブロードウェイでの最初のヒット作になりました。

自分で所有したい場合は、中古品を安く買うといいでしょう。友達か知り合いからなら、使わなくなったものを安く譲ってもらえます。

「手作り」という方法もあります。名刺がほしい、舞台衣装がほしい。そういうときは、身近な才能を活用しましょう。デザインなどを趣味でやっている人がいれば、プロに頼むよりも安くつくってもらえるでしょう。それに、好きなことをしてお金を稼ぐというチャンスを与えてあげることもできます。

ただでもらえるチャンスも活用しましょう。シャム猫のブリーダーをしている友人は、レストランのオーナーと知り合いになり、残った料理を猫の餌用に分けてもらっています。

社員価格や、卸売価格も見逃せません。自分が社員でなくても、友達に社員がいればいいのです。電子機器メーカーで働くある女性は、地元ケーブルテレビで放送する健康番組をつくろうとしていた友人に、撮影機材を社員価格で譲ってあげました。

3　お金

ある若い彫刻家の夫婦は、友人から利息付きでお金を借りて、マンハッタンに高級住宅を購入することができました。使わないお金が銀行に眠っている友人がいるなら、このような貸し借りはお互いにとって利益になるでしょう。借りるほうは銀行で借りるよりも安い利息ですみ、貸すほうは銀行に預けておくだけよりも高い利息が得られます。

ただし、友人間でのお金の貸し借りには注意が必要です。友達だからといって安易に貸し借りするのではなく、利率や返済期日など、細かいことをきちんと書面にしておくべきでしょう。そうすれば、友情にひびが入らずにすみます。

もし、あなたがビジネスを始めたいと思っていて、パートナーか出資者を探しているのなら、友人や知人が誰か見つけてきてくれるでしょう。余分なお金を持っている人はたくさんいて、遊ばせているお金の最適な使い道を、いつでも探しています。

もちろん、出資や寄付をお願いする前に、自分が真剣であることを証明しなければなりません。目標達成までの詳細な計画を紙に書き、相手に見せるといいでしょう。もちろん、具体的な数字も必要です。

4 人脈活用時の2つのルール

ただし、友達を利用しないように、または自分が利用されないようにする注意が必要です。友情にひびが入ってしまうようなことがあっては困ります。助けあいが不公平にならないように気を配る才覚と、正直な態度が大切。二つのルールを紹介しましょう。

1 バランスをとる

友人間の感謝のバランスは、とてもデリケートな問題です。**不公平を避けるにはどうすればいいのでしょう？ そんなときは、交換条件を提示することが役に立ちます。**たとえば、「履歴書を書くのを手伝ってもらえる？ 代わりにあなたが面接のときは、準備につきあうわよ」「料理を教えてもらえないかしら？ 引っ越し準備を手伝うから」というように。

親しい友人の間では、このような「好意の交換」は、わざわざ言葉にすることなく行われているでしょう。でも、自分ばかり助けてもらっていると落ち着かない気分になっているなら、はっきり言うことも大切です。「助けてくれて本当にありがとう。お礼がしたいから、私に何ができるか教えて」というように。


一つ、警告しておきましょう。世の中には、どういうわけかこの「好意のバランス感覚」が欠けている人がいるのです。私はそういう人たちを、「お母さんタイプ」と「赤ちゃんタイプ」の二種類に分類しています。この呼び方に、年齢や性別は関係ありません。

お母さんタイプは、いわゆる世話焼きです。自分から進んで他人の問題を背負いこみ、「私はこんなに大変な思いをしているのに、誰も私の面倒を見てくれない」と、嘆くタイプ。このタイプがいつも一人で苦労をしているのは、単に助けを求めないからです。

赤ちゃんタイプは、お母さんタイプの正反対。彼らは遠慮というものをまったく持ちあわせず、平気で何でも人に頼みます。そして、赤ちゃんタイプの策略にまんまと引っかかるのが、お母さんタイプというわけです。

人脈を活用するときは、このお母さんタイプと赤ちゃんタイプの両方に注意が必要です。もし参加者に彼らが混ざっていたら、またはあなた自身がどちらかのタイプだったら、お母さんタイプが何でも一人で背負いこまないように、そして赤ちゃんタイプが何でも人まかせにしないように気をつけなくてはなりません。

そのためには、便利な方法があります。それが、正しい「ノー」の使い方です。

2 「ノー」と言う

すべての人が、「ノー」と言う権利を持っています。必要のない助けに「ノー」と言う権利、応じられないお願いに「ノー」と言う権利です。

たとえば、弁護士を探しているとしましょう。友人が、知り合いの弁護士の連絡先を教えてくれるだけでなく、その弁護士は最高だと強くすすめてきます。なんだかその弁護士に決めないと、友人に対しても失礼になるような雰囲気です。

でも、あなたには自分で選ぶ権利があります。友達に気をつかって、その弁護士を選ぶ義務はありません。本当の協力に、強制力はありません。それを受けとるかどうかは本人次第なのです。断ったからといって、協力を申しでてくれた人まで拒否していることにはなりません。

逆に、無理なお願いをされたときに、はっきり断ることもとても大切です。そのことで、罪悪感を持つ必要はありません。

仕事のことで何か頼まれた場合、それを引き受けたら友情にひびが入る、あるいはあなたにとって不都合になるのなら、はっきり断る必要があります。また、何かのすぐれたスキルを持っていても、それを使いたくないならはっきり断るべきです。他にもそれができる人はいるのですから。

お金を貸してほしいと頼まれ、貸す余裕がない場合、または返してもらえるという確信が持てない場合も、断ってかまいません。断るほうがむしろ相手にとって親切です。

最後に、あなたの時間は何よりもまず、あなた自身とあなたの目標のために存在するということを忘れないでください。他の人のプロジェクトに参加するのは楽しいし、ワクワクしますが、それで自分のプロジェクトが犠牲になっては元も子もありません。

「ノー」のやりとりはお互いに対する敬意のうえに成り立っています。断るほうは「ごめんなさい」という気持ちをこめ、断られるほうは、相手の事情をきちんと理解します。もちろん、あなた自身も、友達の「ノー」と言う権利を尊重しなければなりません。

願いをどんどんかなえよう

Part 7

時間を生みだし、計画を立てる

1

目標に期日をもうける

友人知人のネットワークを活用できれば、フローチャートも無事に完成しているはずです。どんな目標も、明日できる最初のステップまで細かく分けられているでしょう。

そこで今度は、最初のステップをリストにし、実行したら消していきます。下記は、医学部を目指すメアリーの例です。

フローチャートは、全体の流れを把握し、自分が今いる地点を確認するために使うもの。毎日使う手

目標

医学部に入学する

最初のステップ

* メモをつくる
* 連絡する企業を選ぶ
* 勉強を再開する
* 予備校を探す
* ネットで大学案内を読む

帳に書きこむことで、行動を実現していきましょう。

そのためには、**まずそれぞれのステップを完成させる期日を具体的に決めなければなりません。**達成したいという希望の期日と、現実的に必要になりそうな期間を照らしあわせ、たとえば二〇二〇年の四月一日というふうに決めます。

次に、フローチャートのそれぞれの欄に、期日を書きこみます。それでだいたいのスケジュールが決まります。最後に、それぞれのステップを完成させるのに必要な細かな行動を、手帳に書きこんでいきます。

でも、目標達成のための行動をスケジュールに組みこむような余裕はないという人は、どうしたらいいのでしょう？　その場合、簡単な解決法があります。とにかく行動してしまえばいいのです。少しでも空いた時間があったら、何かをしましょう。恋愛をしているときは、恋人に会う時間をかならずつくれるでしょう？　それと同じことです。

好きなことに多くの時間を割けないという不満を訴える人には、私はいつも「とりあえず空いた時間を使って始めてみてはどうですか？」とアドバイスをしています。

教師のエレンは、自分の馬牧場を持ちたいという夢を持っていました。そこで私は、まず馬を一頭持つことを最初の目標にしてはどうかと提案しました。エレンは、馬は高価でとても買えないと思いこんでいましたが、馬の売買について調べてみたところ、十一歳の気だての優しい馬を破格の安値で手に入れることができたのです！　エレンはその馬を小さな裏庭に飼い、週末に乗馬教室を開いて餌代にあてました。

彼女の乗馬教室のうわさはすぐに広まりました。生徒がどんどん増え、馬がもう一頭必要になったのです。そのころには、馬を買うお金も貯まっていました。来年には、乗馬教室のほうをフルタイムの仕事にする予定です。


今のところは、目標達成のための作業にあてる時間を確保することから始めましょう。**その最初の一歩は、自分が現在、時間をどのように使っているか分析すること。そして、無駄に過ごしている時間、必要のないことをしている時間を見つけだします。**そこに、新しいことに挑戦することへの恐怖が隠されているかもしれません。その無駄な時間こそ、目標達成のための時間として活用できるでしょう。

2 あなたは先延ばし型？ 世話焼き型？

書きだすことから始めよう

今から一週間、自分の時間の使い方を記録してみましょう。正直に、自分が何をしたかを書きだしていきます。

私たちのほとんどは、普段は自分の時間の使い方を意識していません。自分がどう時間を過ごしているかはっきりわかったら、かなりぞっとすることになると思います。このエクササイズは、覚悟ができている人だけが試してください。

なぜなら、時間の使い方を知ることは、人生の生き方を知ることと同じだからです。人生を変えたいのなら、まず目の前の時間の使い方から変えなくてはなりません。

これは、すべての支出を記録するよりも難しいことですが、やってやれないことはありません。

	午前	午後	夜
月曜日			
火曜日			
水曜日			
木曜日			
金曜日			
土曜日			
日曜日			

それでは、上の表の空欄を埋めていきましょう。

この表を完成させたときの反応は、だいたい二つのパターンに分けられます。

一つは、「こんなに時間を無駄にしていたなんて知らなかった！」という驚き。そしてもう一つは、「私はずいぶんと人のために時間を使っていたのね」という発見です。

そこで、前者を「先延ばし型」と呼び、後者を「世話焼き型」と呼ぶことにしましょう。

1　先延ばし型

試験の前なのに友達と長電話をしたり、仕事の締め切り前なのにだらだらとテレビを見続けたり……というパターンが多いなら、あなたは「先延ばし型」です。

でも、あまり自分を責めてはいけません。特に、生活をがらっと変えるような決心は禁物。「もうくだらないテレビは見ない！　ネットサーフィンもしない！」と自分に禁じても、かえってその種の時間が増えてしまうでしょう。禁じられたことをするのは楽しいからです。

実際、自分に厳しい人ほど、巧妙に時間の無駄づかいをしているもの。先延ばしのパターンをまったくなくすことは不可能です。なくすべきでもありません。ときには自分を甘やかさなくては、やっていけないでしょう。

テレビを見る、ベストセラー小説を読む、電話でおしゃべりする、または何もしない。そういうことは、人生に必要なのです。

ならば、初めからスケジュールに組みこんでしまいましょう。そうすれば、「テスト勉強が終わったらテレビを見よう」というように先の楽しみができますし、衝動的に現実逃避に走ってしまうことも避けられます。

たいていの人は、一日のうちに少なくとも一時間か二時間は「何気なく過ごしている時間」が見つかったでしょう。その時間を目標のために使うのが理想的ですが、でものんびりできる時間もやはり必要です。では、どうすればいいでしょう？

最初に、その空いた時間帯を「自分のための時間」としましょう。

次に、自分のための時間がいつなのか決めます。たとえば、午後一時半から三時まで、というように。時間刻みで一日のスケジュールを書きこめるような手帳を使っているなら、午後一時半と三時に赤い線を引き、その間に「私の時間」と書きこみましょう。

自分の時間は週に一回でもいいし、二回でも三回でもいいでしょう。大切なのは、「火曜日と木曜日の午後一時半から三時まで」というように、毎回同じ時間帯にするということです。パターン化してしまったほうが、実行する可能性も高くなるからです。

自分の時間をないがしろにしていたら、息苦しくなってしまうでしょう。だから、どんなに短くても、自分のための時間をスケジュールに組みこんでください。

自分の時間を決めたら、今度はその時間を半分に分けます。そして前半を目標達成のための活動にあて、後半を何でも好きなことをする時間にします。前半が終わる時間になったら、それまでにしていたことをきっぱりとやめ、テレビや小説で自分を甘やかしましょう。

このようにすれば、「無駄な時間」の中から、目標のための時間を捻出することができるでしょう。あとはただ始めるだけです。

2 世話焼き型

ここで、大胆な発言をしたいと思います。

もし本当に家事が大好きなら、家をピカピカに磨きあげ、料理をつくるべきです。思いきり家事を楽しみましょう。友人の長電話につきあうのが好きなら、その時間を満喫しましょう。

でも、本当は家事や長電話なんてしたくないのなら、やめてしまいましょう。私はやめました。やめてみると、それでもうまく回っていくのだなとわかります。

家事や長電話にかぎらず、仕事もそうなのですが、私が言いたいのは「いやならやめてしまいましょう」ということです。人生は一度しかないのですから、やりたいことをして過ごそうではありませんか。

現在、しなければならないと思っていることをリストにして、半年後に自分が死ぬとしたら、そのうちの何をやめるか考えてみましょう。別に半年後に死ななくても、今すぐそのすべてをやめてしまっていいのです。

3 部屋に計画の壁をつくる

今度は、自分のための場所を見つけていきましょう。壁の一面と、その前に机があれば完璧。そこが、あなたの「計画の壁」になります。

計画の壁にフローチャートや計画を記入したカレンダーを貼り、目標達成までの道のりが一目でわかるようにするのです。手帳やノートに書きこむだけでは、流れが一目でわかりませんが、計画の壁を見れば、自分が今どこにいて、次に何をすればどこに到達できるかといったことが、すぐにわかります。いつも目につくところに計画表があれば、怠け心と闘うときにも役立つでしょう！

計画の壁をどうデザインするかは人それぞれですが、自分だけの「聖人」の写真はかならず貼るようにしましょう。パート3で「お手本」として選んだ、自分に刺激を与え、励ましてくれる人物です。パート2で選んだ理想の家族の写真や絵を、すべて貼ってもかまいません。一日の終わりに、その日の成果を彼らに報告するようにしましょう。
では次に、「計画の壁」のつくり方を具体的に見ていきます。

1　フローチャート

フローチャートは、壁の真ん中の、いちばん目につく場所に貼りましょう。これがすべての基本になるからです。一度に二つ以上の目標を目指すようながんばりやさんは、それぞれのフローチャートを色違いでつくり、並べて貼るといいでしょう。

フローチャートのいちばん左側は、明日できる行動です。「明日」と書きこんでおきましょう。次に目標達成の期日を決め、右端にある目標のところにその日付を書きこみます。目標のところに、目標と関連する写真や絵を貼っておくのも効果的。小説を出版するのが目標なら本の絵や写真、重役になるのが目標ならビジネススーツを華麗に着こなしたキャリアウーマンの写真、というように。

もちろん目標達成の期日は、だいたいの計算です。実際に行動を起こしてみたら、変更がいろいろと出てくるでしょう。たとえば、一日に小説を十ページ書けると考えて計画を

フローチャート4

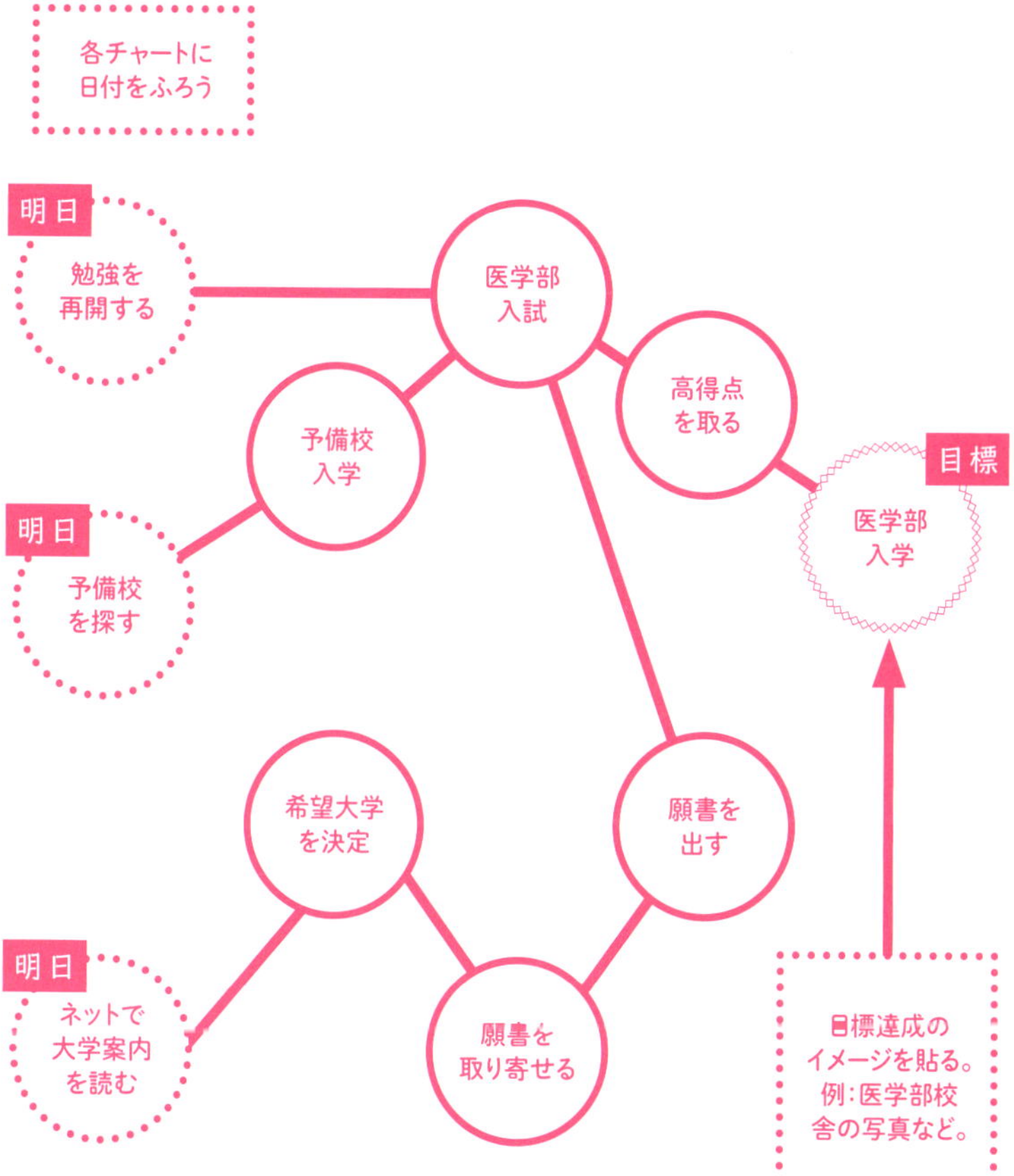
各チャートに
日付をふろう
明日
勉強を
再開する
医学部
入試
高得点
を取る
目標
医学部
入学
予備校
入学
明日
予備校
を探す
希望大学
を決定
願書を
出す
明日
ネットで
大学案内
を読む
願書を
取り寄せる
目標達成の
イメージを貼る。
例：医学部校
舎の写真など。

立てたところ、始めてみたら一週間に十ページしか書けなかった、ということもあるかもしれません。逆に、計画よりも速く進むこともあります。とにかく最初に期日を決めておくのが大切です。

結婚している人なら、結婚式の日取りを決めることは、お互いの本気の表れだということが理解できるでしょう。締め切りがあったほうが仕事がはかどるという人も多いはず。目標達成の期日を決めることは、本気で目標を目指すという宣言であり、かぎられた時間を有効に使うための手段でもあるわけです。

ここで、注意です。一つは、**どう考えても無理な期日を決めないこと。あなたは機械ではないのですから、たまには息抜きも必要です。**それに、無理な期日を決めておいて結局達成できないと、自信もなくしてしまうでしょう。

逆に、達成の期日をあまり先にするのもよくありません。少しぐらいはプレッシャーがないとダメ。自分の目標を達成するための活動は、他の「しなければならないこと」よりも重要です。なぜならそれは、あなた自身のために行うのですから。

どんなにがんばっても期日までに達成できそうもない場合は、期日を変更すればいいのです。でも最初から余裕を見すぎた計画を立てると、力の半分も発揮できないかもしれません。

2 目標カレンダー

大きな紙を一枚用意して、現在から達成期日までの月の数だけマスをつくります。それが目標カレンダーです。達成期日が半年後なら、下記のような形になります。

もちろん三カ月でも二年でも、あなたの期日までの月数に合わせてつくってください。

次に、フローチャートに書かれているステップを見ていきましょう。それぞれのステップにも期日をもうけ、その期日を目標カレンダーに書きこみます。目標達成の期日と同じよ

	1月	2月	3月	4月	5月	6月
2020	START					GOAL

うに、ステップ完成の期日も、実際に行動を開始してから変わることがあるでしょう。そのときは、同じように期日を変更すればいいのです。

撮影旅行を計画しているジャネットを例に考えてみましょう。バンを走る暗室に改造し、撮影や現像の機材をそろえ、ただで泊めてもらえる場所を確保し、十分な旅費が集まったら、撮影旅行に出発できます。写真集を出版するという目標については、撮影旅行から戻ってから考えればいいでしょう。というわけで、ジャネットはまず撮影旅行に出発する日を決めました。二〇二〇年の六月十五日です。

六月十五日に出発するには、三つのものを手に入れなければなりません。暗室に改造したバンと、泊めてくれる場所の住所と、お金です。バンの修理と改造には四カ月をあてることにしました。現在を十月として逆算する

3月	4月	5月
ツテを使い中古カメラを探す ツテを使い宿泊所を探す	バン改造 ツテを使い中古カメラを探す ツテを使い宿泊所を探す	バン改造 暗室完成 貯金終了

ジャネットの目標カレンダー

	10月	11月	12月	1月	2月
2019〜2020	修理工場に電話 中古バンのことで電話 友達に電話 調査開始 援助金の問い合わせ	25日までにフリマを手配 写真店の仕事を探す	中古バンを購入	修理工場の宣伝写真を撮影 印画紙やフィルムをもらう 地図を入手	1日までにバン修理を始める 援助金の申し込み ルートを決める

と、二月一日までにバンを修理に出さなくてはなりません。

バンを修理に出している間に、人脈を活用して、中古のカメラと、旅行中に泊めてくれる場所を探します。つまり、一月中に旅行ルートを決めなければなりません。

また、クリスマスに向けてフリーマーケットを開き、バン購入の資金を貯めることにしました。フリーマーケットを開くのは十一月二十五日です。そして、写真店で仕事を見つけるなら、クリスマスの忙しい時期がいいだろうと判断しました。

ジャネットは、それぞれの行動をすべて上記のように目標カレンダーに書きこみました。

フローチャートと目標カレンダー。見かけはまったく違いますが、どちらもとても大切です。フローチャートを見れば全体の流れがわかりますし、目標カレンダーは実際に行うタイミングを教えてくれます。

目標カレンダーが完成したら、目の前の行動に集中することができます。先の行動は、またそのときになったら考えましょう。自分はなぜこんなことをしているのだろうと、ふと疑問に思ってしまったときは、フローチャートを見て、今の行動が大きな目標に着実につながっていくことを確認するといいでしょう。

3　週間カレンダー

週間カレンダーは、毎週日曜の夜に新しくつくります。左記を参考にしてください。
次の作業は、とても簡単ですが、とても大切です。計画の壁に貼った週間カレンダーの内容を、手帳に書きこむのです。これを行わないと、実際の行動につながることはまずありません。

メアリーの週間カレンダー

月	火	水	木	金	土	日
6：30 起床 →	→	→	→	→		
7：00 ～ 9：00 医学部の試験勉強					9：00 起床 →	→
9：30 出勤					午前中 家事など	11：00～15：00 模擬試験
18：30 退社 →	→	→	→	→	13：00 ～ 図書館で勉強	
19：00 ～ 22：00 リラックス	図書館で勉強	同僚と飲む	図書館で勉強	映画鑑賞		18：00～22：00 友人と食事
24：00 就寝 →	→	→	→	→	→	→

4 手帳には自分との約束を書きこもう

予定を書きこんだ手帳をいつでも持ち歩くことで、自分が今何をするべきかをつねに意識することができます。手帳にはふつう他の人との約束を書きこみますが、ここでは「自分との約束」を書きこむことになります。上司や歯医者との約束が守れるなら、自分との約束だって守れるはずでしょう。上司や歯医者より、自分のほうがずっと大切な存在なのですから。

手帳に書くことによって、目標のための行動も、歯医者の予約と同じ意味を持つようになります。つまり、よほどのことがないかぎり実行するということです。中には飛ばしてしまうステップもあるかもしれませんが、書かないでいるよりはずっと多くのことを実行できるでしょう。そして、ステップを一つずつこなしていくことによって、目標に向かって着実に進んでいけるのです。

5 未来のためにできること

108ページのエクササイズ11「五回生まれ変われるとしたら」では自分のやりたいことをすべてあげました。ここでは、それをこの先五年間の人生プランの中に組みこんでみましょう。

五年の間に人生を変える要因はいろいろあると思いますが(恋愛や運、健康、経済状態など)、あなた自身の希望や意志が、もっとも強い要因であるべきです。

下の表は、フリーライターのジュリアの五カ年計画です。

このように五カ年計画を計画の壁に貼って、この先に待っている楽しいことにイメージをふくらませれば、やる気もさらにわいてくるでしょう。

2020	2021	2022	2023	2024
執筆	執筆	メキシコに住む スペイン語を学ぶ	田舎に住む スペイン語を学ぶ	バイオリンを習う

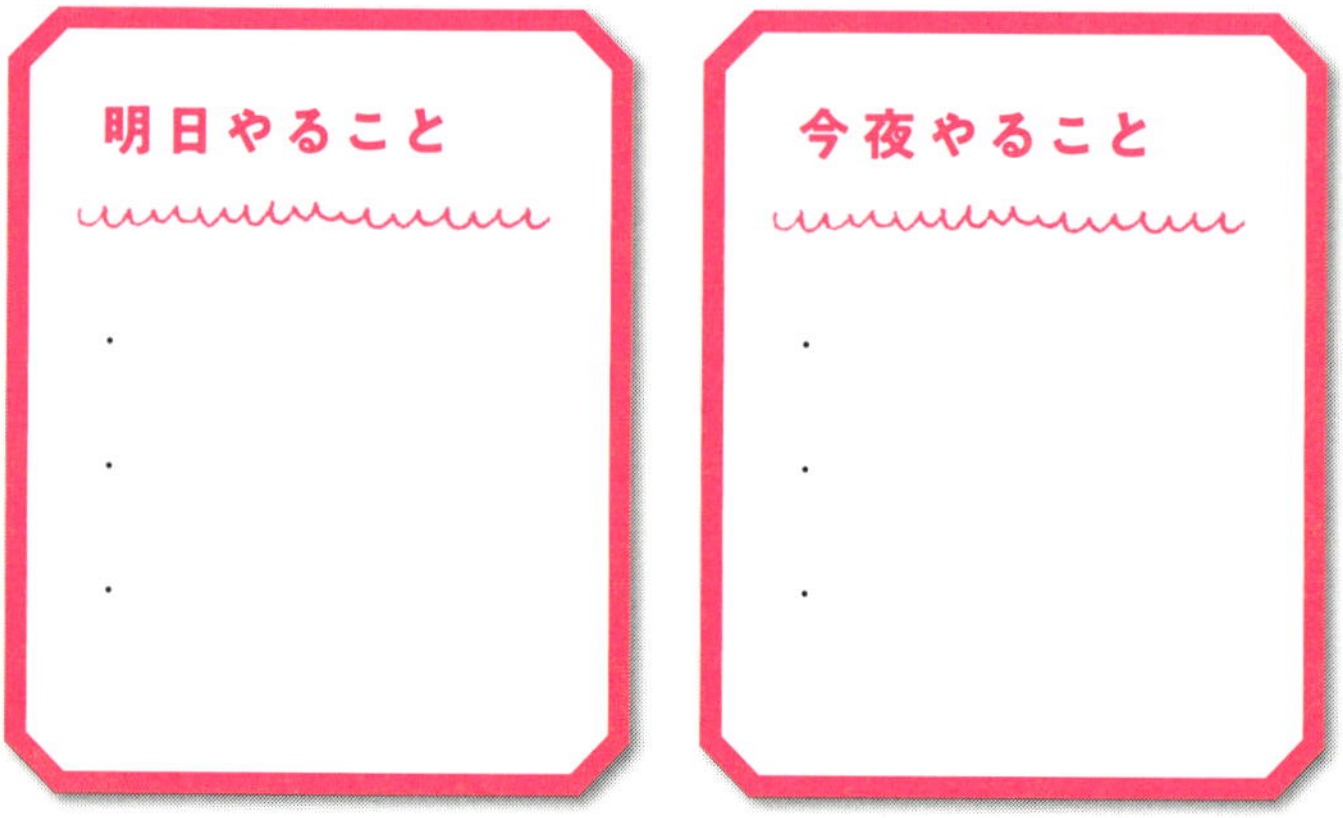

週ごとのカレンダーから、「今夜やること」と「明日やること」を書きだして、計画の壁に貼っておきましょう。この表も、紙が一枚あれば簡単につくることができます。終わったものは消すか破くかして、次のステップを新しく書きこんでいきます。

今夜の行動と明日の行動なら、計画の壁や手帳にすでに書いてあるので、この表をつくる必要はないのではないかと思うかもしれません。でも、この表はとても役に立つのです。

まず、本当に目の前のステップだけを書きだすことで、頭の中がすっきりします。その行動だけに集中し、そのための準備をすることができます。

明日の行動が「昼休みに電話をする」だったら、電話番号を調べて手帳に書いておこうと思いつくでしょう。また、電話で話すときのセリフも、前もって考えておくかもしれません。

第二に、この「今夜やること・明日やること」の予定表は、行動するのはいつでも「今」だということを思いださせてくれます。今、ことを起こさなければ、この先も何も起こりません。**いちばん大切な行動は、来週にひかえている大きな会議でもなければ、最後にひかえている目標でさえありません。明日の行動です。**明日の行動を確実にこなしていけば、目標へは自然と到達できるのです。

さあ、明日は何をしましょう?

本当の楽しみは、そこから始まります。

願いをどんどんかなえよう

Part 8

恐怖心と仲良くなる

1 最初の一歩を踏みだすために

ここまでやってきたエクササイズは紙の上での出来事です。まだそれほど不安や緊張を感じていないとしたら、危険なことを何一つやっていないからといえるでしょう。あとは最初の一歩を踏みだすだけ。計画の壁を見れば、何をしたらいいのかすべて書いてあるのですから、「どこから手をつけたらいいのかわからない」という言い訳はもう通用しません。

でも、最初の一歩を踏みだすのが怖くなってしまったら、どうすればいいのでしょう？

残念ながら、計画の壁は、恐怖の対処法までは教えてくれません。

新しいことに挑戦するのに、恐怖心はつきもの。でも、その恐怖心と向きあうことが成功のカギなのです。まず自分が恐怖を感じていることをきちんと自覚するためにも、恐怖の兆候をいくつか紹介しましょう。

2 恐怖のサインを自覚する

目標を目指してがんばっているときに次のようなことを感じたら、それは恐怖を感じている証拠です。「よくそうなる」と思うものをチェックしてみましょう。

□ 急に疲労感を覚えて、ひどく眠くなる
□ 突然おなかがすき、何か食べたくなる
□ 無性にどうでもいい本が読みたくなる
□ 気がゆるむ
□ いきなり頭が真っ白になる
□ 他にやりたいことが次々と頭に浮かんでくる
□ 目標に対して急に興味を失う

□　自分には今の目標を達成する力がないと急に思いこむ

誰しもこのような経験があるのではないでしょうか？　こうした恐怖心のせいで、夢をあきらめてしまうのは、あまりにももったいない話です。あなたには、ほしいものを手に入れ、最高の自分を発揮する権利があります。恐怖心がどんなに「ストップ！」と叫んでも、それに屈する必要はありません。

恐怖を感じるのは自然なこと。恐怖をまったく感じないで生きる方法があるとしたら、たった一つ――それは、希望を持たないこと、まったく挑戦しないこと、成長しないことです。

つまり、恐怖を避ける道はありません。さまざまな分野の成功者たちも、みんな経験しています。ただ彼らは、恐怖を受けいれ、逆に楽しんでしまう方法を知っているのです。

大丈夫、あなたもきっと恐怖と仲良くなれます。

3 とにかくやってみる！

新しいことに挑戦するとき、「失敗したら自分は終わりだ」などというふうに感じたりすることはありませんか？

一度失敗したからといって人生がだめになってしまうわけがないとわかっていても、心は恐怖を感じてしまう……。ここでは、そんな恐れへの対処法を紹介しましょう。

対処法1　準備する

初めて体験する状況で自信がなくなり、恐怖を感じるのは、弱さが原因ではありません。**準備が必要だというシグナルに、身体が反応しているだけなのです。**むやみにポジティブ・シンキングを信じると、このシグナルを無視して、何の準備もしないまま新しいことに飛びこんでしまいます。準備もせずに挑戦したら、立ち直れないほどの大失敗をするに決まっているのに。

ここでのメッセージは、準備が必要だということです。たとえば、就職の面接に恐怖を感じてしまうなら、事前に情報を集める、経験者にやり方を教えてもらう、リハーサルを行う、そういうことが必要なのです。

対処法2　基準を下げる

小説を書こうとしてペンが止まってしまったとき、初めての営業で言葉が出てこなかったとき。そんなときの恐怖は、「自分の基準を下げてもいいのですよ」という、優しいメッセージを送ってくれているのです。どんなに準備をしても、実際は準備通りにはいきません。**経験がないのに、最初から完璧にできることを期待するなんて無茶というもの。問題は単に、ビジョンや野心に実際の経験やスキルが追いついていないというだけなのです。**そのギャップを埋めるには、最初のステップからこつこつと積みあげていくしかありません。基準を高くするのは、十分な経験を積んでからでいいのです。

対処法3　発散する

何かに挑戦する前、恐怖心をなくそうとするのは無駄なこと。これは、気持ちが高ぶっているだけなのです。

だから、その高ぶった気持ちを外に出してあげましょう。前出の「発散の時間」を利用するのが効果的です。うろうろ歩き回ったり、大声で叫んだり、文句を言ったりするのも有効。**すっきりしたら、何食わぬ顔をしてステージに上がりましょう。**もちろん、ステージの上で「壊れて」しまうのは間違い。ところかまわず感情をむきだしにする人は、成功者になれません。

対処法4　とにかくやる

ついに本番の時間が訪れたら、このルールを覚えておいてください。

正しくやってもいい、間違ってもいい、でもとにかくやる！

さあ、目をぎゅっと閉じて、やってみましょう。**目の前のことで頭がいっぱいになると、人間は不安や緊張をきれいさっぱり忘れてしまうのです。**一時間かけて実際に仕事を片づけるほうが、十時間かけて自分の内面を分析するよりも、ずっと大きな自信につながります。

対処法5　失敗を恐れない

「でも、大失敗したらどうするの?」そう心配する気持ちもわかります。そんなときは、赤ちゃんを思いだしてください! 歩けるようになるまでには、何百回も転ぶでしょう? それでも、歩けるようになるのです。

失敗をくり返しながら学ぶ。これが、すべての学習の基本です。失敗をまったくしなかったら、価値のあるものを創造したり、達成したりすることはできません。

「ベストを尽くして失敗したら、立ち直れない。だったら、最初から挑戦しないほうがずっとマシ……」。

その考え方は、間違いです。**むしろその正反対で、ベストを尽くしたのなら、失敗してもそれほど気分は落ちこみません。努力したことに満足感を覚え、次の挑戦に向かう活力になるのです。**

願いをどんどんかなえよう

Part 9

究極のサポーターを見つけよう

1 支えあうからうまくいく

他の人と支えあって夢の実現を目指すことは大切です。パート6でも見てきたように、周りの人はとても大きな力になってくれます。ただあなたが、助けを求めればいいだけです。成功への道のりは、孤独なものではありません。

この本の前半で、夢を実現させるために必要なのは「枠組み」と「サポート」だという話をしました。このサポーター・システムは、パート2で出てきた「理想の家族」をつくる方法の一つです。夢をかなえるためのサポートを手に入れるなら、サポーター・システムがいちばん簡単で手っ取り早い方法でしょう。

このシステムは、とてもシンプルです。「友人と二人でチームを組み、それぞれが自分の目標を達成することを共通の目標にする」

人はどういうわけか、自分を応援するときよりも、他人を応援するときのほうが、はるかに熱心になるのです。他人の問題にはよい解決策を思いつけますし、自分の能力よりも他人の能力をはるかに信用しています。だから、応援しあうサポーター・システムがうまくいくのです。

では、サポーターはどうやって選んだらいいのでしょう？　親友やルームメイトでもいいですが、仲のよい人でなくてもかまいません。知りあったばかりの人や、近所の人でもいいのです。このシステムは本来、共通の目的を持った共同作業ですから、友情は必須条件ではないのです。**サポーターに求めるのは、ただ一つ。自分を目標に向かっての行動に駆り立ててくれること。**

尊敬できる考えや価値観を持っている人、あなたにとって興味深いアイデアや目標を持っている人。そんな人が望ましいでしょう。私は、ピアニストと百貨店のバイヤーがペアを組んで成功した例を知っています。もちろん、家族がサポーターでもかまいません。ここで友人関係を例に出して説明しているのは、夫婦のような非常に親密な関係よりも、ある程度距離を置ける友人関係のほうがうまくいくことが多いからです。

とにかく、条件さえ満たしていれば、あとは好きな人を選びましょう。ただ、自分が萎縮してしまうような人、自分よりもはるかに成功している人、悲観的な人を選ばないように注意してください。

このサポーター・システムで互いに提供しあえるサポートは、次の三つです。

1　相手への期待

これがいちばん大切です。**あなたがやると言ったことをきちんとやったか、その成果はどうだったか。それを知りたがっている人がいるとわかっているだけで、やる気はまったく違ってきます。**自分の目標の価値を信じていて、目標に向かってがんばることを期待している人が、自分以外にもいる。それだけで、その人のためにもがんばれるようになります。

サポーター・システムでは、毎週お互いの成果を報告しあいます。それだけのことですが、効果は絶大です。

2　心の支え

どんな計画を実行するときでも、心の支えはとても大切です。ネガティブな気持ちに襲われたとき、「発散の時間」の相手になってくれる人。恐怖のあまり、氷のように冷たくなった手をしっかりと握ってくれる人。そして何よりも、目標に向かってともに旅をする仲間。それが、あなたのサポーターです。**つらいときに助けあうのは必要なことですが、夢を実現する興奮を分かちあえば、純粋な喜びを味わえます。**

3 実際的な助け

サポーターがいることで、実際的な問題でも大いに助かることになります。サポーターは、ブレーンストーミングやネットワークづくりのメンバーになってくれます。戦略的な問題で頭を悩ませていたら、サポーターに相談して二人で知恵を絞れば、一人で考えるよりもずっとすばらしい解決策を思いつくでしょう。就職の面接をひかえているときは、ロールプレイの相手になってもらえます。スキルやアイデア、人脈などを提供しあえば、一緒に目標を達成することができるでしょう。

2
「準備会議」で達成の期日を約束する

次に、このシステムがうまく機能するためのシステムを紹介しましょう。基本は、「週一回の戦略ミーティング」と「三分電話」です。でもまず最初に、お互いの目標を話して、目標達成の期日を決める「準備会議」を行う必要があります。

準備会議の内容について説明しましょう。お互いのフローチャート、目標カレンダー、最初の週の予定表を持ち寄ります。もちろん、計画の段階からサポーターと一緒につくってもかまいません。いずれの場合でも、お互いの目標達成までの大まかな流れを知っておくことが大切です。そして、それぞれの目標達成の期日で遅いほうが、「二人の達成期日」になります。その日まで一緒にがんばると、口頭で約束しましょう。達成したら、二人でお祝いのパーティを開きます。

次に、週一回のミーティングの曜日と時間を決めます。ミーティングは、毎週決まった日時に行いましょう。そうすることで、サポーターとのミーティングが、本当のビジネス・ミーティングのような重要性を持つからです。**サポーターとの約束を守ることは、自分との約束を守ること。このミーティングをないがしろにしてはいけません。**空いた時間に入れるのではなく、まずミーティングの日時を最優先に予定に入れましょう。

この準備会議の最後に、お互いの週間カレンダーを見てみましょう。そして、相手の来週の予定を、自分の手帳に書きこみます。そして、相手がきちんと予定通りに行動したか、お互いに確認を入れるようにしましょう。週の途中に電話やメールで確認してもかまいません。お互いをせっつくのも、このシステムの重要な部分です。

では次に、週ごとのミーティングについて説明しましょう。

3 「週一日の戦略ミーティング」を持つ

これはいわば、ビジネス・ミーティングです。お茶を飲みながらのおしゃべりではありません。目標達成を目指す戦略会議です。

相手が友達だと、ビジネスの話だけにかぎるのはなかなか大変です。ついついおしゃべりをしたくもなるでしょう。それに、友達を相手に目標や計画といったまじめな話をするのは、なんとなく気恥ずかしいと感じる人もいるはず。そのため、このミーティングには次のようなルールが必要です。

1 時間を守る

時間を守るのは自分と相手を尊重する気持ちの基本です。上司と会う約束や、歯医者の予約があれば、ぜったいに時間に遅れないようにするでしょう。それは、相手を尊重しているからであり、自分もきちんとした人物だと相手に思われたいからです。**このミーティングは、いわば将来の自分との約束です。だから、どんなに忙しくても時間はかならず守ってください。**

2　時計やタイマーを使う

時間を決めて、実際に時間を計れば、無駄な話はしなくなります。それぞれに割りあてられた時間はだいたい三十分で、その三十分の内訳は次のようになります。

・報告（5分）

その週にしたことやその成果、しなかったことを相手に報告します。サポーターは毎週、お互いの来週の予定をメモしているので、それを見ながらすべての予定について報告を求めます。もし、予定通り進んでいなくても、それで世界が終わるわけではありません。ただ正直に「何もしなかった」と報告しましょう。サポーターに報告することで、自分の行動を確認できます。

・問題と解決策（20分）

問題があったらそれをサポーターに話し、提案やアイデアを求めます。ただし、その問題に感情的な要素が含まれているのなら、まず「発散の時間」を行いましょう。でもその場合、時間は十分以内にとどめること！　いつまでもだらだらと文句を言ってはいけません。さんざん発散して気分がすっきりしたら、ブレーンストーミングかネットワークづくりに取りかかりましょう。

・スケジューリング（5分）

サポーターの提案やアイデアを参考に、これから行う行動のリストをつくります。そして、その行動を翌週の予定に組みこみます。

一人三十分、合計一時間のミーティングが終わったら、面接のリハーサルや、履歴書の下書きなどに取りかかれます。または、二人とも目標を達成した場面を想像して、楽しい会話に花を咲かせるのもいいでしょう。ワインを開けて一晩中おしゃべりをしてもいいし、もちろん、ミーティングが終わったらすぐに帰ってもかまいません。

4 「3分電話」で励ましあう

サポーターからの状況確認電話は、あなたの勇気の源です。何か難しいことをする直前や直後にサポーターと話ができれば、こんなに心強いことはないでしょう。

でも、注意が必要です。サポーターがたまたま赤ちゃんタイプだったら、あなたはきっと、電話がかかってくるたびにうんざりすることになるでしょう。ルールが必要です。

一回の電話は三分以内。これが、お互いの時間を尊重するためのルールです。成功を目指す人は、時間を無駄にしてはいけません。**目標達成のための時間と自由な時間を、きちんと分けるようにしましょう。だから電話は何があっても三分で終わり。**それ以外の話は、自由時間にどうぞ。

もしあなたのサポーターが電話で長々と愚痴をこぼしてきたら、その問題を解決してあげようとしてはいけません。相手は「今の仕事がいやでたまらないの……上司がね……取引先の人がね……」と、はてしなく愚痴を続けたとします。少しだけ愚痴を聞いて、「私にできることはある？　あるなら教えて」と答えるのが正解です。

5 ともにピンチを乗り越える

サポーターはときに、絶体絶命の危機からあなたを救ってくれます。大事な面接を前にして、緊張のあまり気絶しそうになってしまったときや小説を書こうとしてパソコンに向かったはいいけれど、頭が真っ白になってストーリーが何も浮かばなくなってしまったとき、などなど。ここでは、危機が訪れそうなシーンについて見ていきましょう。

危険地帯1　初めて体験するとき

何か新しいことに挑戦するとき。成功の経験がないために、大失敗するという恐怖を消すことができません。

危険地帯2　したくないことをするとき

目標までの道のりにはかならず、したくないことも含まれます。ジャズの即興演奏ができるようになるには、どんなに退屈でも音階練習をしなければなりません。そんなときに、怠け心や、先延ばしの危機が訪れます。

危険地帯3　リスクの高いことに挑戦するとき

写真家志望のアンドレアは、十分に写真の練習を積んで自信がついたと思っても、いざプロの写真家に自分の写真を見せる約束を取りつけると、急に自信をなくして気が動転してしまいました。まさに、挑戦への恐怖です。

危機が訪れても、そこであきらめてはいけません。とにかく前に進むしか、恐怖や不安に勝つ道はないのです。でも、一人で恐怖に立ち向かうなんてとても無理でしょう。そういうときに、サポーターが助けになってくれるのです。**挑戦から逃げだしたくなっても、**

誰かに手を握っていてもらえば乗り越えられます。

たとえば、絵を描くのが好きで本格的に学びたいのに美術学校に通う勇気がない。そんなとき、あなたの目標のために引きずってでも連れていってくれるのが、サポーターです。一度危機を乗り越える経験をすると、世界がすっかり変わって見えるはずです。自分は大きなことを達成したという自信がつき、恐怖を感じても、前ほど怖くなくなります。

願いをどんどんかなえよう

Part 10

習慣づけこそ 夢への最短ルート

1 夢への旅を快適に

さあ、これで夢の実現を目指す旅の準備はすべてできました。あとはただ、前に進んでいくだけです。

この章では、計画を確実に前に進めるために、毎日行うことと、毎週行うことを説明しましょう。

計画の壁に貼ってあるもの

- 自分の「お手本」
- フローチャート
- 目標カレンダー
- 週ごとのカレンダー
- この先5年間の計画
- 今夜・明日やること

持ち運ぶもの

- 手帳
- 行動と感情を書きこむ日記帳
- 「発散の時間」のノート

2 毎週日曜の夜にすること

毎週日曜の夜に、その週の計画を立てましょう。ミーティングの相手は自分です。以下のような流れで進めていきましょう。

1 一週間を振り返る

週ごとのカレンダーと、行動と感情を書きこんだ日記帳を参照しながら、前の週に達成したことを振り返ります。それがすんだら、その週のカレンダーを破りましょう。

2　フローチャートと目標カレンダーの更新

フローチャートと目標カレンダーを見て、自分の現在地を確認します。目標カレンダーを見て、いちばん近い目標達成の期日をよく頭に入れてください。その期日までに達成できそうでしょうか？　もしスケジュールから遅れていたら、どうすればいいでしょう？今からペースを上げることはできますか？　それとも、期日を後ろにずらしますか？

ここではフローチャートと目標カレンダーを、現状に合わせて更新していきます。

3　問題発見

先週、何か問題にぶつかりましたか？　この先のステップの中に、怖くてできそうもないものはありますか？　問題リストをもとに作業しましょう。問題を解決する方法は、感情の問題なら「発散の時間」、戦略的な問題ならブレーンストーミングです。

4　翌週のプランニング

まず、週ごとのカレンダーを用意します。これからの一週間ですると決めたことを、新しい週の欄に書きこみます。そのとき、何曜日の何時に実行するか、具体的に決めてください。次に、この先一週間の行動や予定を、すべて手帳に書きこみます。

3 毎晩すること

① 日記帳を用意します。その日の行動と、そのときに感じた気持ちを書きこみます。

② 昨日の「今夜・明日やること」の表をはがし、新しい表に書きこみます。明日の行動は何ですか？ 今夜できる準備はありますか？ 大切な面接があるなら、明日着る服を用意し、誰かに電話をするなら、電話番号を手帳に書きこんでおきましょう。

③ お風呂にゆっくりつかる。好きな本を一時間読む。ワインを飲む。大好きな音楽を聴く……。とにかく、自分の好きなことをしましょう。

④ 夢を見ましょう。眠りにつく前に、暗い部屋でベッドに横たわって目を閉じ、理想の環境にいる自分を想像します。パート2で考えた、最高の自分が発揮できる環境です。その楽しい想像と一緒に、眠りの世界に入っていきましょう。

4 毎朝すること

① 起きなければならない時間の十分前に目覚まし時計をセットして、余裕を持って起きます。

② 朝食がすんだら計画の壁の前に行き、次のステップを確認します。今日することはそれだけ、しかも準備もできています。

③ フローチャートを見て、今日のステップが目標につながっていることを確認します。

④ 仕事や目標のための行動で外に出かける人は、手帳と「発散の時間」のノートをバッグに入れましょう。最後に「聖人」の顔を見て、勇気をもらいます。

おわりに

おめでとうございます！　あなたはやり遂げました。

何をやり遂げたのでしょう？　それはもしかしたら、最初の目標に到達したことかもしれません。または、小説の一章分を書きあげたのかもしれないし、就職の面接を受けたのかもしれないし、最初の一週間が終わったのかもしれません。

小さなステップを一つずつ完成させる、そのすべてが「夢をかなえる」ことなのです。

そうはいっても、実際に行動を起こして何かを実現するという生き方に、あなたはまだ慣れていないかもしれません。ときには混乱したり、怖くなったりすることもあると思います。でも、何もせずにただ座りこみ、退屈したり、落ちこんだりしているよりも、もがきながらも目標に向かっていくほうが、ずっといい気分になれるのです。

私は次の目標を考えるとき、いつも新しい「理想の一日」を思い描くようにしています。新しい理想の一日は、たいてい以前のものとはまったく違っていますし、今の人生と正反対であることも少なくありません。でも、理想の一日を思い描くおかげで、その先の進むべき道が見えてきます。

あなたはもう、すべての成功者が知っている秘密を発見しました。

それは、「大切なのは、目的地に到着することではなく、旅の過程だ」ということです。

この本に書いてあることを実践すれば心配はいりません。とにかく前に進んでいきましょう。

新しい場所にたどり着くたびに、また新しい地平線が見えてきます。その新天地は、あなたに探検されるのを待っているのです。

バーバラ・シェア

新版　書きだすことから始めよう

発行日　2018年　8月30日　第1刷

Author　バーバラ・シェア　アニー・ゴットリーブ

Translator　桜田直美
Book Designer　坂川朱音 (krran)

Publication　株式会社ディスカヴァー・トゥエンティワン
〒102-0093　東京都千代田区平河町2-16-1 平河町森タワー11F
TEL　03-3237-8321（代表）
FAX　03-3237-8323
http://www.d21.co.jp

Publisher　干場弓子
Editor　大山聡子　林拓馬　渡辺基志

Marketing Group
Staff　小田孝文　井筒浩　千葉潤子　飯田智樹　佐藤昌幸　谷口奈緒美
古矢薫　蛯原昇　安永智洋　鍋田匠伴　榊原僚　佐竹祐哉　廣内悠理
梅本翔太　田中姫菜　橋本莉奈　川島理　庄司知世　谷中卓
小木曽礼丈　越野志絵良　佐々木玲奈　高橋雛乃

Productive Group
Staff　藤田浩芳　千葉正幸　原典宏　林秀樹　三谷祐一　大竹朝子　堀部直人
塔下太朗　松石悠　木下智尋

Digital Group
Staff　清水達也　松原史与志　中澤泰宏　西川なつか　伊東佑真　牧野類
倉田華　伊藤光太郎　高良彰子　佐藤淳基

Global & Public Relations Group
Staff　郭迪　田中亜紀　杉田彰子　奥田千晶　李瑋玲　連苑如

Operations & Accounting Group
Staff　山中麻吏　小関勝則　小田木もも　池田望　福永友紀

Assistant Staff　俵敬子　町田加奈子　丸山香織　小林里美　井澤徳子　藤井多穂子
藤井かおり　葛目美枝子　伊藤香　常徳すみ　鈴木洋子　石橋佐知子
伊藤由美　畑野衣見　井上竜之介　斎藤悠人　平井聡一郎

Proofreader　文字工房燦光
DTP　株式会社RUHIA
Printing　株式会社厚徳社

ISBN978-4-7993-2352-6